Das bergische Lesebuch

Impressionen und Rezepte aus dem Bergischen Land

Zu diesem Buch

Eine bucklige Welt aus zahllosen grünen Hügelchen, an deren Hänge sich Wälder und saftige Wiesen schmiegen, endlose Ausblicke von den Höhen, idyllische Dörfer mit liebevoll gepflegten Fachwerkhäusern. Malerische Talsperren, in deren Wasser sich die Weite des Himmels spiegelt. Romantiker finden Orte zum Verweilen, Wanderer herrliche Pfade, und auf Genießer warten urige Plätze zur Einkehr. All das ist das Bergische Land, aber es ist auch ein früher Hort der Industrialisierung in Deutschland. Technische Pionierleistungen wie die Wuppertaler Schwebebahn oder die höchste Eisenbahnbrücke der Republik zeugen vom mutigen Entdeckergeist bergischer Ingenieure. Hier trifft bäuerliche Tradition auf Industriekultur und Kunst, prachtvolle Natur auf wissbegierige Forscher und Denker.
Mit Geschichten voller Überraschungen führt Sie dieses Buch auf eine unterhaltsame Erlebnisreise durch das Bergische Land.

Almut Irmscher wurde in Wuppertal geboren und wuchs in Velbert und im grauen Mönchengladbach der Siebzigerjahre auf. Heute lebt sie mit ihrem Mann und drei Kindern im Bergischen Land. Ihre Lesebücher erzählen von Land und Leuten, von Spezialitäten und Besonderheiten. Es sind Reiseerlebnisse für alle Sinne.

Taschenbuchausgabe, 1. Auflage August 2015

ISBN-10: 1516835581 ISBN-13: 978-1516835584

Almut Irmscher

Das bergische Lesebuch

Impressionen und Rezepte

aus dem Bergischen Land

Inhalt

Fotos aus dem Bergischen Land

finden Sie online im Fotoalbum auf

www.almutirmscher.de

Einführung

Dies ist nun der dreizehnte Band in der Reihe der „Lesebücher”, und meine Großmutter hat mir schon sehr früh beigebracht, dass die Dreizehn eine Unglückszahl ist. Meine Großmutter war eine kluge Frau, aber in dieser Beziehung glaube ich ihr trotzdem nicht. Das erste meiner Lesebücher, mit dem die Reise begann, handelte von Italien, und in Italien gilt die Dreizehn als Glückszahl. Deshalb wage ich hier eine Verknüpfung und kehre aus Italien mit der Dreizehn im Gepäck zurück in meine Heimat. Zwölfmal habe ich über andere Länder, Städte und Regionen geschrieben, ich finde, nun ist es an der Zeit, sich vor der eigenen Haustüre umzusehen. Meine Großmutter hätte sich bestimmt darüber gefreut. Denn meine Großmutter kam aus dem Bergischen Land.

Darf ich das Bergische Land überhaupt als meine Heimat bezeichnen? Ich bin in Wuppertal geboren, der größten Stadt des Bergischen Landes. Meine ersten neun Lebensjahre habe ich in Velbert verbracht, die Stadt bezeichnet sich auch als das „Herz des Niederbergischen Landes“. Aber dann bin ich mit meinen Eltern nach Mönchengladbach umgezogen. Die dortige niederrheinische Landschaft ist so ziemlich das Gegenteil von der buckligen Welt des Bergischen Landes. Zwar gibt es vereinzelt ein paar Höhenzüge, die durch Bruchstörungen verursacht sind. Im Wesentlichen sieht es aber aus, als hätte man die zahllosen Hügelchen des Bergischen Landes mit einem gigantischen Bügeleisen plattgedrückt und dabei auch gleich die vielen Wälder mit weggeplättet. Da könnten die paar Höhenzüge bestenfalls noch als Bügelfalten durchgehen.

Doch regelmäßig fuhren wir von dort aus zurück ins Bergische, um unsere Verwandten zu besuchen. Immer war es eine Offenbarung für mich, wenn sich hinter Köln die Landschaft entlang der Autobahn zu wellen begann und dichte Wälder die Höhenzüge bis zum Horizont bedeckten. Wenn wir dann das letzte Stück auf der Landstraße zurücklegten, stellte sich spätestens vor einer scharfen Kurve in der Ortschaft Bierenbachtal bei mir ein Hochgefühl ein: Wir waren auf dem Land, für mich die Erfüllung aller Träume meiner von Stadtenge geplagten Kinderseele! Denn in dieser Kurve lag ein alter Fachwerk-Bauernhof, und auf der Obstbaumwiese daneben war stets eine Ziege angepflockt. Die Ziege selbst mag das gar nicht als so angenehm empfunden haben, für mich aber war dieser Anblick das Sinnbild eines magischen Idylls, wie ich es sonst nur aus Märchenbüchern kannte.

Später habe ich viele Jahre lang in Köln gelebt, einer Stadt, die sich immerhin damit rühmen darf, vor den Toren des Bergischen Landes zu liegen. Ein Ausflug „ins Bergische“ galt hier allgemein als Synonym für einen Kurztrip ins Paradies. Doch dann bin ich nach Liverpool weitergezogen, und später habe ich in der Norddeutschen Tiefebene gelebt.

Hier gab es zwar auch Bauernhöfe, und ich hatte sogar eine Zeit lang selbst eine Ziege. Doch irgendwann merkte ich, was mir am meisten fehlte: die vielen kleinen Hügelchen. Denn auch in Norddeutschland war vorzeiten wohl ein Riesenbügeleisen unterwegs gewesen.

Und so bin ich schließlich wieder zurückgekommen. Nach einem Intermezzo in Bergisch Gladbach, das ja sogar im Namen stolz das Bergische trägt, lebe ich nun seit fast zwanzig Jahren in Nümbrecht, mitten im Oberbergischen.

Doch damit nicht genug. Mein Urgroßvater war Bahnhofsvorsteher im Oberbergischen Land, zu einer Zeit, als die kleine Bahn, die einst durch unser Hügelland tuckerte, noch den ultimativen Gipfel des mobilen Fortschritts darstellte. Eine seiner Töchter – meine Großmutter – erkor sich selbst auch einen Eisenbahner zum Mann. Er stammte von einem kleinen Bauernhof in Hermesdorf, das heute zu Waldbröl gehört. Immerhin besaß Hermesdorf einen eigenen Bahnhof, der für den Anschluss an die große weite Welt sorgte. Ihr gemeinsames Leben haben meine Großeltern dann in Wuppertal verbracht, wo auch meine Mutter geboren wurde. Die andere Tochter meines Urgroßvaters hingegen baute später ein Haus in Waldbröl, arbeitete dort viele Jahre lang als Lehrerin und hatte das Schiedsamt inne. Sie ist heute über hundert Jahre alt und lebt in Nümbrecht. Die Ziehmutter meines Vaters hingegen wohnte in Bergisch Born. Dort besaß sie eine Schnapsfabrik, sie starb in den Achtzigerjahren in Nümbrecht. Wie man sieht, sind meine Bezugspunkte im Bergischen also breit gestreut. Was machen da schon die paar Jahre in der Ferne? Ich möchte Ihnen deshalb in diesem Buch Geschichten aus meiner Heimat erzählen. Es ist ein unterhaltsamer Streifzug, geleitet von persönlichen Eindrücken. Dieses Buch ist weder ein Reiseführer, noch eine heimatkundliche Abhandlung. Seien Sie deshalb nicht enttäuscht, wenn Ihr eigener Heimatort oder Ihr Lieblingsplatz keine Erwähnung findet. Das Bergische ist groß und hat viel zu bieten. Bevor ich mit dem Schreiben begann, habe ich einige Landsleute gefragt, welche Themen für sie persönlich wichtig wären, und die Fülle der Antworten war überwältigend. Ich danke allen, die mir geschrieben haben, für die Inspirationen. Leider hat nicht alles in diesem Buch Platz finden können, aber wer weiß, vielleicht wird es ja irgendwann noch ein zweites bergisches Lesebuch geben. Genug zu erzählen gäbe es, denn unsere Heimat ist nicht nur schön, sie hat auch eine lebhafte Geschichte und eine spannende Gegenwart.

Begeben wir uns also auf eine kleine Entdeckungstour durchs Bergische. Wie immer werden die einzelnen Kapitel von landestypischen Rezepten abgerundet. In diesem Fall danke ich besonders meiner Großmutter, durch die ich die Vorzüge der einfachen, bodenständigen Küche des Bergischen schon von klein auf genießen durfte. Ihre Lieblingsrezepte umschließen die Geschichten aus dem Bergischen wie ein bunter Reigen. Also auf ins Bergische! Ins Bergische? Ja, wo liegt das denn überhaupt genau?

Hügel ohne Grenzen – das Bergische und seine Randgebiete

Um die Frage nach der genauen Eingrenzung des Bergischen Landes zu beantworten, muss man ein bisschen recherchieren. Das scheint nämlich gar nicht so einfach zu sein. Ruft man im Internet hundert Karten des Bergischen Landes auf, so erhält man gefühlt fünfzig verschiedene. Woran liegt das?

Dazu müssen wir zunächst einen kurzen Blick auf die Geschichte unserer Region werfen. Natürlich wissen wir alle, dass das Bergische Land seinen Namen keinesfalls der Tatsache zu verdanken hat, dass sich hier vor gut dreihundert Millionen Jahren ein Faltengebirge mit viertausend Meter hohen Gipfeln aufgetürmt hat. Davon hat die Erosion mithilfe von Zeit, Wind, Temperaturen und vor allem dem allgegenwärtigen Regen heute nur noch die zahllosen Hügelchen übriggelassen, doch natürlich haben auch diese nichts mit dem Namen des Bergischen Landes zu tun. Dann müsste es ja auch eher das „hügelige Land" heißen, oder, um eine entsprechende grammatikalische Form zu wählen, das „hügelische Land". Das wäre natürlich falsch, könnte aber zumindest dem Lokalkolorit einer bergischen Mundart geschuldet sein.

Doch das Bergische hat nichts mit Bergen zu tun. Es waren die Grafen von Berg, denen die Region seit dem 11. Jahrhundert unterstand, und bis zum frühen neunzehnten

Jahrhundert währte deren Machtbereich als Herzogtum fort. Die Herren von Berg residierten zunächst in Altenberg, später ließen sie sich das trutzige Schloss Burg hoch über der Wupper erbauen. Ihnen waren verschiedene Regierungsbezirke untergeordnet, wobei der Rhein als natürliche Grenze ihres Hoheitsbereichs im Westen galt. Die kölnischen Orte Deutz und Kalk, der Drachenfels, der Raum Leverkusen und Teile von Beuel gehörten zumindest zeitweise den Bergern, doch natürlich würde sich heute kein Mensch aus Köln-Deutz oder Bonn-Beuel als Bewohner des Bergischen Landes bezeichnen. Auch Duisburg gehörte für eine Weile den Grafen von Berg, aber wer heute an Duisburg denkt, der denkt ans Ruhrgebiet, und dazu gehören wir Bergischen definitiv nicht.

Doch es kommt noch toller. Im 14. Jahrhundert machten die Grafen von Berg Düsseldorf zu ihrer Residenzstadt. Damit verhalfen sie dem Dorf an der Düssel zu einem beständigen Aufstieg, aus dem es heute als Landeshauptstadt von Nordrhein-Westfalen, zweitgrößte Stadt des Bundeslandes und Hort eines gewissen Standesdünkels hervorgegangen ist. Aber Bergisches Land? Fehlanzeige.

Die historischen Entwicklungen haben die Grenzen der Zugehörigkeit zum Bergischen im Empfinden der Einwohner und in der politischen Zuordnung der Regierungsbezirke verwischen lassen. Deshalb bezeichnet man heute nur noch die Region in der Mittelgebirgslandschaft östlich des Rheins als das Bergische Land.

Wie viel einfacher wurde mir das als Kind erklärt! Als das Bergische Land in der vierten Klasse im Rahmen der Heimatkunde durchgenommen wurde, da hieß es ganz simpel: Das Bergische Land gehört zum Rheinischen Schiefergebirge und liegt rechtsrheinisch. Seine natürlichen Grenzen sind Rhein, Ruhr, Volme und Sieg. Im Westen schließt sich die Kölner Bucht an, im Norden das Ruhrgebiet, im Osten grenzt es an Sauerland und Siegerland, im Süden hingegen an Rheinland-Pfalz, ein anderes Bundesland. In Heimatkunde behandelten wir nur Nordrhein-Westfalen, Rheinland-Pfalz gehörte folglich nicht zur Heimat. Punkt. Kein Wort über den schönen Westerwald im Süden des Bergischen Landes, über dessen Höhen der Wind so kalt pfeift.

Außerdem habe ich damals gelernt, dass sich das Bergische Land in drei Unterregionen aufteilt, als da wären: das Niederbergische zwischen Ruhr und Dhünn, das Rheinbergische zwischen Dhünn und Agger und das Oberbergische zwischen Agger und Sieg. Diese Aufteilung zieht sich von Norden nach Süden. Im Grunde ist es also ganz einfach, nicht wahr?

Gut, der rechtsrheinische Teil von Düsseldorf und die „Schäl Sick“ von Köln würden nach dieser geografischen Lehrmeinung noch immer zum Bergischen Land gehören. Und die Grenze zum Sauerland bleibt unscharf, denn erst ab Meinerzhagen durchschneidet das Flüsschen Volme hier die Landschaft und sorgt damit für eine Orientierungslinie. Meinerzhagen gehört allerdings schon zum Sauerland, genau wie Kierspe und Lüdenscheid, die der kleine Fluss durchfließt. Man könnte vielleicht noch die Wasserscheide zwischen Wupper und Agger nach Westen und Ruhr nach Norden – erst noch weiter nördlich wendet sich der Fluss in Richtung Westen – zur Orientierung heranziehen. Doch im Grunde existieren die Grenzen des heutigen Bergischen Landes wohl am ehesten in den Köpfen der Einheimischen.

Versuchen wir, die Berger über ihre Mundart zu definieren, so kommen wir auch damit nicht wirklich weiter. Denn wer aus Wuppertal kommt, redet anders als jemand, der in Morsbach aufgewachsen ist, das Solinger Idiom unterscheidet sich vom Bergisch Gladbacherischen, und in Bergneustadt redet man anders als in Wipperfürth. Aber damit nicht genug. Die durch die Hügelketten entstandene räumliche Abgrenzung führte in der Vergangenheit auch dazu, dass in den einzelnen Tälern ganz eigene, spezifische Ausdrucksformen entstanden, die sich mitunter schon von denen im nächsten Tal unterschieden. Es heißt, dass dieses Phänomen ehemals sogar in der eigenen Interpretation des hier verbreiteten protestantischen Glaubens zu beobachten war. Das Leben im Bergischen war hart, dem steinigen Boden genug Nahrung für die Familie abzuringen keine leichte Aufgabe. Umso mehr suchten die Berger vergangener Jahrhunderte Trost und Zuflucht in ihrem Glauben. Die Kirche war deshalb von herausragender

Bedeutung, und oftmals entsprachen die Grenzen eines Kirchspiels auch denen einer speziellen Variante der Mundart. Denn aufgrund mangelnder Reisemöglichkeiten kamen die Bewohner selten über ihr eigenes Ländchen hinaus. Und noch heute findet die Kirche im Bergischen engagierten Zuspruch, außer den Gemeinden der Landeskirche gibt es zahlreiche Freikirchen.

Was den Dialekt anbelangt, so unterscheiden Sprachwissenschaftler im Bergischen Land mehrere Gruppen, die im Nordwesten dem niederfränkischen Sprachraum zugeordnet werden, zu dem auch das Niederländische gehört. Die im Nordosten gesprochene Mundart stellt einen fließenden Übergang zum Westfälischen dar.

Doch mitten durch das Bergische Land verläuft eine der wichtigsten sprachlichen Trennlinien Deutschlands, die sogenannte Benrather Linie. Sie zieht sich von Düsseldorf-Benrath kommend bis Wipperfürth, knickt dann in Richtung Süden ab bis in die Gegend von Ründeroth, folgt von dort der Agger nach Osten bis Gummersbach-Derschlag, um das Bergische dann Richtung Freudenberg ins Siegerland zu verlassen. Ob es eine tiefere Bedeutung hat, dass diese sprachliche Trennlinie im Bergischen Land ungefähr mit der Trennlinie zwischen Aldi Nord und Aldi Süd zusammenfällt, vermag ich allerdings nicht zu sagen.

Südlich dieser auch „Isoglosse“ genannten Linie wird mehr oder weniger Mitteldeutsch gesprochen, es gibt dort – abgesehen vom Morsbacher Raum, wo Moselfränkisch geredet wird – überwiegend landkölnischem Einfluss. Hier artikuliert man „ch", wo man im Norden noch „k" gesagt hatte. Als Marker gilt die Aussprache des Verbs „machen", nördlich der Benrather Linie sagt man auf Niederfränkisch „maken". Das mitteldeutsche Idiom der Südberger wird hingegen dem Hochdeutschen zugerechnet.

Hochdeutsch? Ich selbst lebe im Süden des Bergischen Landes und spreche leider kein bergisches Platt. Deshalb darf ich es mir auch nicht anmaßen, hierzu etwas sagen zu wollen. Zwar habe ich als Kind oft die Verwandten meines Großvaters auf dem Bauernhof in Hermesdorf Platt sprechen hören, aber wirklich verstanden habe ich sie nicht. Die beleibte Tante Mina meinte ihre Handtasche, wenn sie „ming Däsche" suchte, und mit „isse Ierpel" forderte sie mich dazu auf, Kartoffeln zu essen. Gerd, mein Nachbar in Nümbrecht – sprich „Nümmert" –, sagt schmunzelnd: „Wa mr chohn, chohn mr noh Chommerschbaach, söß chohn mr charnett", und das heißt: „Wenn wir gehen, gehen wir nach Gummersbach, sonst gehen wir gar nicht." Aber was meinte der Nachbar meiner Mutter, als er sagte: „Dat's mr chol"? Ich habe dazu eine Umfrage unter Nicht-Bergern gemacht, die Tendenz ging ganz klar zu „Tadsch Mahal". Dabei wollte er bloß zum Ausdruck bringen, dass es ihm egal ist...

Die Bedeutung der Mundart hat seit dem letzten Jahrhundert nachgelassen, außerdem verwischen sich die Grenzen der Idiome, weil kaum noch jemand sein ganzes

Leben im gleichen Dorf verbringt. Die mitten durch unser Land verlaufende Mundartgrenze erschwert uns außerdem die Suche nach einer Umgrenzung des Bergischen eher, als dass sie uns dabei hilft.

Ziehen wir stattdessen etwas heran, das alle Berger verbindet, so stoßen wir schließlich auf die Landschaft und deren Hügel, die von dem prähistorischen Faltengebirge übrig geblieben sind. Geomorphologisch betrachtet ist das eine sogenannte Rumpffläche, auch „Fastebene" genannt, was aberwitzig erscheint, wenn man mal versucht, das Bergische auf dem Fahrrad zu durchqueren.

Es regnet viel, und deshalb ist das Bergische überreich an Quellen. Ursache hierfür ist der „Steigungsregen". Die feuchte Luft, die der bei uns dominierende Westwind von Nordsee und rheinischer Tiefebene herüberbläst, trifft auf eine Barriere, wenn sie an unsere bergischen Hügelketten stößt. Die sind nämlich gut und gerne mehr als zweihundert Meter hoch, die höchste Erhebung ist der Homert bei Gummersbach, der es sogar auf 519 Meter bringt. Köln hingegen liegt zu unseren Füßen und bringt es nur auf gute fünfzig Meter über Normalnull.

Die bergischen Berge zwingen die herbeiströmende Luft also dazu, in die Höhe zu steigen, und dabei kühlt sie sich ab. Dadurch sinkt ihre Kapazität, Wasserdampf aufzunehmen, und was passiert? Es regnet. Und weil die vom Meer herkommende Luft auch noch besonders feucht ist, regnet es gleich besonders viel. Würden wir in den Tropen oder wenigstens in einer naturbelassenen Umwelt leben, so könnten wir damit rechnen, von diesen Wetterverhältnissen mit einem üppigen Regenwald beschenkt zu werden. So aber haben wir nur viel Regen und Tausende von Quellen.

Wenigstens brauchen wir uns nicht über Wassermangel zu beklagen, und das Wasser hat uns auch große Vorteile gebracht. Die vielen Flüsse haben zahllose Täler in unser Bergland geschnitten, und weil die tiefen Kerbtäler besonders gut dafür geeignet sind, entstand bei Remscheid mit der Eschbachtalsperre 1891 die allererste deutsche Talsperre. Heute gibt es weltweit keine einzige Region, die auch nur annähernd so viele Talsperren hat wie unser Bergisches. Es sind stolze einundzwanzig Stauseen, die uns mit Strom und Trinkwasser versorgen, darüber hinaus aber auch die Grundlage für herrliche Naherholungsgebiete sind.

Die Energie des Wassers hat dazu verholfen, dass die Industrialisierung im Bergischen schon frühzeitig florierte. Das Wasser trieb Hammerwerke, Schleifsteine und Blasebälge an. Weil es tief im Inneren der bergischen Hügel auch Eisenerz gab, entstand die Kleineisenindustrie, von den berühmten Solinger Klingen über Werkzeug aus Remscheid bis hin zu den Schlössern aus Velbert, den Achsen aus Wiehl und den Cronenberger Sensen. Cronenberg gehört heute zu Wuppertal und hatte schon seit dem Jahr 1600 ein Zunft-Privileg zur Herstellung von Sensen. Cronenberger Sensen waren damals hochberühmt und wurden in viele europäische Länder exportiert.

Das andere Standbein der bergischen Wirtschaft war die Textilindustrie. Weber, Bleicher und Färber ließen sich an den Flussläufen nieder, im Wasser wurde die Wolle gewaschen, die Uferwiesen dienten als Bleiche. Hinzu kamen die Lederwarenindustrie mit ihren Gerbereien und die Papierindustrie, deren Mühlen sich an den Flüssen ansiedelten und ihr Rohmaterial in Form von Bäumen gleich nebenan aus den Wäldern bezogen. Hieraus entwickelten sich mitunter Überschneidungen, wie beim Gummersbacher Unternehmen Steinmüller, das zunächst als Papierfabrik anfing und später eiserne Dampfkessel baute.

Gut, dass es diese Verdienstmöglichkeiten für unsere Vorfahren gab. Denn der steinige Boden, die vielen und oftmals heftigen Regenfälle und die frostigen Frühjahrsnächte erschweren die Bedingungen für die Landwirtschaft im Bergischen. Deshalb beschränkt man sich hier heute meist auf Viehzucht und Waldwirtschaft. Das Bergische ist kein prosperierendes Landwirtschaftsgebiet, seine Bevölkerung kann nicht alleine von heimischen Produkten ernährt werden. Besonders im Süden und Südosten wird die Ackerkrume immer dünner und steiniger. Bestenfalls anspruchsloser Hafer gedeiht hier noch, aber der eignet sich nicht besonders gut zum Brotbacken, weil ihm die erforderlichen Klebstoffe fehlen. Andere Getreidesorten können nur mit Mühe angebaut werden, mehr als ein bescheidener Eigenbedarf lässt sich damit nicht decken. Und der dafür notwendige Aufwand lohnt sich heutzutage nicht mehr.

Ein Grund für den mageren Boden liegt auch darin, dass die bergischen Wälder in den vergangenen Jahrhunderten massiver Abholzung unterlagen. Köhler verarbeiteten das Holz zu Holzkohle, mit welcher Eisenerzschmelzen und Kalköfen befeuert wurden. Auf die kahlgeschlagenen Flächen trieben die Bauern ihr Vieh, sodass die Schösslinge der Bäume keine Chance zum Nachwachsen hatten. Die Erosion hingegen konnte mit Regen und Wind alles Erdreich ungehindert wegspülen und fortpusten. Als die Steinkohle schließlich den Platz der Holzkohle einnahm, war es für die Böden schon zu spät. Seit Ende des neunzehnten Jahrhunderts pflanzte man deshalb genügsamere Fichten auf die kargen Hügelrücken. Wiesen und dunkle Wälder bestimmen heute das Landschaftsbild. Einzig die Obstbäume gedeihen prächtig an den Hängen unserer bergischen Hügel.

Im Norden sind diese Hügel sanfter geschwungen als im Süden, deshalb spricht man dort vom „Niederbergischen Land". Wuppertal liegt ungefähr an der Grenze zum Oberbergischen, aber auch hier lässt sich nicht wirklich eine scharfe Linie ziehen. Das Bergische ist eben auf seine ganz spezielle Art grenzenlos. In Zeiten offener Grenzen und allgegenwärtiger Globalisierung ist es vielleicht gar nicht so schlecht, dass das Bergische sich nicht unbedingt immer scharf von seinen Nachbarn abgrenzen lässt.

Altbergische Waffeln

Zutaten: *500 g Mehl, 250 g Butter, 4 Eier, 250 ml Milch, 40 g Zucker, 4 El flüssiger Honig, 1 Pck. Backpulver, Salz, Speiseöl fürs Waffeleisen*

Zubereitung: *Butter und Zucker mit dem Handrührgerät schaumig aufschlagen, dann die Eier und den Honig zugeben. Nach und nach das Mehl, das Backpulver sowie eine gute Prise Salz unterrühren. Schließlich die lauwarme Milch einrühren, bis ein dickflüssiger Teig entstanden ist. Die Waffeln in einem gut mit Öl eingepinselten Waffeleisen ausbacken.*

Haferwaffeln

Zutaten: *250 g Hafermehl, 250 g Weizenmehl, 250 g Butter, 3 Eier, 250 ml Milch, 125 ml Holunderbeersaft, 50 g Zucker, 3 El Apfelkraut, 1 Pck. Backpulver, Salz, Speiseöl fürs Waffeleisen*

Zubereitung: *Butter und Zucker mit dem Handrührgerät schaumig aufschlagen, dann die Eier und das Apfelkraut zugeben. Nach und nach das Mehl, das Backpulver sowie eine gute Prise Salz unterrühren. Schließlich Milch und Holunderbeersaft einrühren und den Teig anschließend 30 Minuten lang quellen lassen. Die Waffeln in einem gut mit Öl eingefetteten Waffeleisen ausbacken.*

Das sind nur zwei von den endlos vielen Waffelrezepten, die es im Bergischen gibt. Die Waffeln werden mit einem runden Waffeleisen in Herzform gebacken und sind unverzichtbarer Bestandteil der berühmten Bergischen Kaffeetafel. Aber auch ohne komplette Kaffeetafel genießt man sie pur, mit Puderzucker bestreut, mit Sauerkirschen und Schlagsahne oder Vanilleeis und frischen Erdbeeren.

Leben auf dem Lande – die Schattenseiten der Idylle

Vor dem Hof meiner Urgroßeltern in Hermesdorf stand eine alte Linde. Der Baum war regelmäßig beschnitten worden, sodass er das Haus wie ein flacher Schild zur Straße hin abschirmte. Ein paar Steinstufen führten hinauf zu der grün gestrichenen Eingangstür, die Holzbohlen im jahrhundertealten Fachwerk wirkten ein bisschen verwittert.

Seitlich führte ein Weg am Gebäude vorbei abwärts, wo sich im Untergeschoss der Stall befand. Hier wiederkäuten zwei oder drei angekettete Kühe, und im hinteren Bereich grunzten in einem Holzverschlag die Schweine. Dort war es ganz düster. Dunkelheit mögen die allgegenwärtigen Fliegen nicht, im Gegensatz zu den Kühen hatten die Schweine deshalb weitgehend ihre Ruhe vor den Plagegeistern.

Draußen auf dem Hof pickten ein paar Hühner herum, und auf der Rückseite des Hauses dampfte der Misthaufen vor sich hin. Hinter einem Holzzaun lag der Nutzgarten, dort gediehen Salat, Zwiebeln, Porree und etliche Küchenkräuter. Auf einem Beet standen Minze, Balsamkraut und Eberraute. Diese wohlduftenden Kräuter wurden zu Sträußchen zusammengebunden, die die Frauen sonntags beim Kirchgang mit sich führten. Auch wurde die Eberraute – Wengruusch genannt – zwischen die zahlreichen Leinentücher im Wäscheschrank gelegt, damit diese angenehm rochen. Die Leinentücher waren ein wertvoller Besitz und mussten gut gehütet werden.

Weiter hinter dem hausnahen Nutzgarten lag noch ein größerer Gemüsegarten. Hier wuchsen Bohnen und Erbsen, Möhren und Kohl, Kohlrabi und Runkelrüben. Über einen lehmigen Hohlweg ging es vorbei an Kartoffelacker und Getreidefeldern hügelaufwärts zu den Wiesen. Ich erinnere mich noch daran, wie im Sommer das Heu mit der Sense geschnitten und dann zum Trocknen zu duftenden Stapeln aufgeschichtet wurde. Ich war überwältigt von der Idylle, und jeder Maler der Romantik hätte hier seine reine helle Freude gehabt. Doch die verträumte Szenerie täuschte über die harte Arbeit hinweg, mit der sie verbunden war.

Noch bis zum Ende des neunzehnten Jahrhunderts lebten die meisten Menschen im Bergischen im Wesentlichen als Selbstversorger von der Landwirtschaft. Für alles, was sie dabei nicht erzeugen konnten, mussten sie Geld hinzuverdienen, sei es als schlecht bezahlte Erntehelfer, als Tagelöhner in Bergbau und Kleineisenindustrie oder als Bauarbeiter in den aufstrebenden Städten des Niederbergischen und in Wuppertal. Oft arbeiteten die Männer den Sommer über als Maurer auf dem Bau, während die heimische Arbeit den Frauen und Kindern überlassen blieb.

Während Heu und Hafer mit der Sense geschnitten wurden, schnitt die Bäuerin Weizen und Roggen in gebückter Haltung mit der Sichel. In der gleichen Stellung band sie dann auch gleich die Garben. Die vornübergebeugte Haltung beherrschte den Sommer der Landfrauen, angefangen vom Setzen der vorgezogenen Gemüsepflanzen und der Kartoffeln über das ständige Jäten des Unkrauts und das Häufeln der Kartoffeln bis hin zum Sammeln des dürren Holzes für die Feuerstätte. Außerdem klaubten sie noch Laub, Moos und Heidekraut im Gebüsch als Einstreu fürs Vieh zusammen, denn das Stroh war für diesen Zweck zu kostbar. Es wurde gehäckselt und dann verfüttert. Für die Ziegen und die Kaninchen schnitten Frauen und Kinder Gras und Kräuter entlang der Wege, nahrhaften Klee trugen sie in Körben und Bündeln auf dem Kopf zum heimischen Stall. Sie pflügten, walzten und eggten die Felder, sie zerschlugen dabei mühsam die „Schören", die dicken Lehmklumpen, die steinhart zusammengetrocknet waren.

Besonders im Südosten des Bergischen Landes gedieh auf den kargen Feldern vorwiegend nur Hafer, was dem Landstrich den Beinamen „Haferspanien" eintrug. Das war wenig schmeichelhaft gemeint. Es heißt, dass der Barockfürst Jan Wellem aus Düsseldorf, der seinerzeit Herrscher über das Bergische war, einst den ihm untertanen Ritter aus Windeck dazu aufforderte, ihm ein typisches Brot aus seiner heimatlichen Region zu servieren. Der Ritter brachte einen groben Laib aus Haferschrot und Kleie, was bei seinem Herrn äußerstes Missfallen erregte. Und da Jan Wellem gerade in unerfreuliche Scharmützel mit Spanien verstrickt war, taufte er den Südosten des Bergischen Landes kurzerhand in „Haferspanien" um. Damals, es war zu Beginn des 18. Jahrhunderts, gab es hier kaum ein anderes nahrhaftes Lebensmittel. Doch am Ende des Jahrhunderts verbesserte sich die Lage immerhin insoweit, als nun die Kartoffel ihren Siegeszug antrat. Und die wuchs sogar auf den kargen Böden von Haferspanien.

Neben Getreide und Kartoffeln bauten die bergischen Bäuerinnen auch Flachs und Hanf an, letzteren jedoch keineswegs, um sich mithilfe von daraus gewonnenen bewusstseinserweiternden Stoffen den harten Alltag etwas zu versüßen. Vielmehr ging es um ganz anderen, profaneren Stoff, nämlich Sackleinen sowie Material für Kleider, Bett- und Leibwäsche. Die Flachsfelder bedurften der besonderen Aufmerksamkeit, denn kein einziges artfremdes Kräutlein durfte zwischen die Ernte geraten. Es hätte den Stoff unbrauchbar gemacht. Tagelang krochen Frauen und Mädchen über das Flachsfeld, um zu jäten und das Unkraut akribisch auszusortieren.

Den Winter über wurde der Flachs dann bearbeitet, geröstet, gebrochen, geschwungen und zu Garn gesponnen, und wer die Kunst des Webens beherrschte, der fertigte gegen kleines Entgelt den Stoff für die ganze Nachbarschaft. Aus dunkler Schafswolle strickten die anderen derweil unermüdlich Socken und wärmende Westen.

Zu diesen Arbeiten saßen die Frauen zusammen und plauderten oft bis spät in die Nacht hinein. Auf die gleiche

Art versüßten sie sich die Herbstzeit, wenn Unmengen von Bohnen und Kohl geschnippelt oder gehobelt wurden, um dann für die Winterzeit in Fässern und Steinguttöpfen sauer eingelegt zu werden. Obst, das nicht in Kesseln zu Kraut ausgekocht worden war, wurde geputzt und für die Dörre vorbereitet. Berge von Walnüssen mussten von den äußeren grünen Schalen befreit werden, damit man sie für den Winter einlagern konnte. Bei den Höfen standen oft uralte Walnussbäume, denn wegen ihres hohen Nährwertes waren die Nüsse hochgeschätzt. Zu den langen, arbeitsamen Abenden kamen auch die Burschen und Männer hinzu, wenn ihr Tagewerk beendet war. Dann wurde auf der Ziehharmonika musiziert, gesungen und getanzt, und zumindest in den geselligen Stunden dieser Abende war das bäuerliche Leben recht lustig.

Doch schon am nächsten Morgen ging die Arbeit unerbittlich weiter. Brot wurde selbstgebacken, was meist die Aufgabe der Männer war. Die Frauen verarbeiteten derweil die Milch zu Butter, Quark und Käse. Auch das Wasserholen war Aufgabe der Frauen. Bis um 1900 herum die Wasserleitungen verlegt wurden, mussten sie es in Holzeimern an einem geschulterten Tragholz aus dem Talgrund herbeischleppen. Und zwar jeden Tropfen, sei er zum Trinken, zum Kochen, für die Viehtränke oder bloß Schrubbwasser für den Hausputz.

In der Küchendiele brannte das Herdfeuer. Hier wurde nicht nur gekocht, meist war es auch die einzige

Heizquelle des Wohnhauses. Der Rauch zog nicht durch einen Schornstein, sondern durch ein Loch im Giebel ab, entsprechend verqualmt war es im Haus. Das offene Feuer in Gang zu halten, war eine mühsame Aufgabe, denn es verschlang Holz wie ein gieriger Schlund. Doch Holz war knapp.

Einst waren die Hügel des Bergischen Landes dicht bewachsen, hier standen Eichen, Buchen, Hainbuchen, Linden und Birken, hier wucherten Wildobst, Feldahorn, Vogelbeeren, Haselsträucher, Holunder, Faulbäume, Brombeeren, Ginster und sonstiges Gestrüpp in einem undurchdringlichen Urwald. Doch seit dem frühen Mittelalter waren die Menschen allmählich in die Hügelwelt vorgedrungen. Sie brauchten Holz für den Bau von Hütten, Möbeln und Ställen, außerdem Brennholz für ihre Feuerstätten. Sie nutzten den Wald als Futterquelle für ihr Vieh. Holzstämme wurden in die expandierenden Städte der Rheinebene verkauft. Vor allem aber, wir haben es bereits gehört, brauchte man Holzkohle für die Eisenerzschmelze. So war Holz schon im 16. Jahrhundert im Bergischen Land zur Mangelware geworden. Zum Vergleich: 1822 betrug die mit hochstämmigen Bäumen bestandene Waldfläche in der Gemeinde Nümbrecht nur unglaubliche 0,001 Prozent, gegenüber fast dreißig Prozent um die Jahrtausendwende.

„Holzfrevel" – der Diebstahl von Holz – war hier noch im 19. Jahrhundert das häufigste Eigentumsdelikt. Aus der Not heraus beschnitten die Bauern alles, was an den Hofbäumen zu beschneiden war, und sammelten unermüdlich dürres Reisig, das zu „Schanzen“ gebündelt und auf Ofenlänge geschnitten als Brennmaterial diente.

Hatte die heimische Landwirtschaft einen bescheidenen Überschuss produziert, so wurde dieser verkauft. Butter- und Eierfrauen marschierten durch die Dörfer, kauften Eier und Bauernbutter auf, um sie in größere Ortschaften und Städte zu schaffen. Wurde ein Schwein geschlachtet, so pökelten die Bauern Speck und Rippchen ein oder hingen das Fleisch in den Räucherschlot über dem Herdfeuer, um es haltbar zu machen. Der kostbare Schinken aber wurde verkauft, um ein bisschen Geld damit zu verdienen. So manches ließ sich nämlich nicht selbst erzeugen, dazu gehörten Salz, Reis und der bei den Bauersfrauen besonders beliebte Kaffee.

Der Zusammenhalt in der Dorfgemeinschaft war stark, denn man brauchte sich gegenseitig. Der Wissensschatz der Bauern war groß, sie konnten sich nicht nur weitestgehend selbst versorgen, die Landfrauen wussten auch um die Wirkung der verschiedensten Heilkräuter. Trotzdem starb beinahe jedes dritte Kind. Die meisten Menschen erlebten ihren vierzigsten Geburtstag nicht.

Doch im letzten Jahrhundert wandelten sich die harten Bedingungen allmählich. Wenn auch später als in anderen Landstrichen, hielten in den kleinbäuerlichen Betrieben des Bergischen langsam immer mehr praktische Landmaschinen Einzug. Die Menschen fanden andere

Arbeitsplätze und betrieben die Landwirtschaft zunehmend nur noch nebenbei, gaben sie schließlich ganz auf. Die Getreidefelder verschwanden, denn diese hatten nur dem Eigenbedarf gedient. Aufgrund der geomorphologischen Struktur mit ihren vielen kleinen Hügeln und der jahrhundertelangen Aufteilung der landwirtschaftlichen Flächen unter den Nachkommen hatte es im Bergischen nie besonders große Gutshöfe gegeben. Das Land war in viele Parzellen unterteilt. Große Äcker mit Monokulturen entstanden hier deshalb nicht. Und so kommt es, dass heute der Wechsel zwischen Weideland und den vor gut hundert Jahren angelegten Wäldern das Landschaftsbild wesentlich bestimmt.

Den Hof meiner Urgroßeltern gibt es noch. Doch Landwirtschaft wird hier schon lange nicht mehr betrieben. Die Holzbalken des Fachwerks, die grünen Fensterläden und die alte Haustür sind frisch gestrichen. Der Stall ist zu einer Garage umgebaut worden. Der große Gemüsegarten hat einer Rasenfläche Platz gemacht, die von Rhododendren, Rosen und blühenden Stauden eingerahmt wird. Doch im hausnahen Nutzgarten wachsen noch immer Porree, Salat, Kräuter und Zwiebeln. Außerdem gibt es hier jetzt ein paar Tomatenpflanzen. Und vor dem Hauseingang breitet noch immer die uralte Linde ihre knorrigen Äste aus, ganz so, als wolle sie den Hof zur Straße hin abschirmen.

Pellkartoffeln mit Schnittlauchstipp

Zutaten für 4 Personen: *1 kg kleine neue Kartoffeln, 4 Bund Schnittlauch, 800 ml süße Sahne, 1 kl. Zwiebel, 4 El Apfelessig, 1 El Zucker, Salz, weißer Pfeffer*

Zubereitung: *Die Kartoffeln gründlich waschen und mit der Schale in gesalzenem Wasser garen.*

Die Zwiebel schälen und sehr fein würfeln. Den Schnittlauch waschen, kräftig trockenschütteln und in feine Röllchen schneiden. Die Sahne in eine Schüssel füllen und unter Rühren den Essig hinzugeben. Dann den Zucker unterrühren und den Stipp mit Salz und Pfeffer abschmecken. Zum Schluss Zwiebeln und Schnittlauch hinzugeben und gut verrühren.

Zum Verzehr gibt man den Stipp portionsweise auf dem Teller zu den heißen Pellkartoffeln.

Dieses einfache Rezept hat meine Großmutter aus ihrer Kindheit mitgebracht. Es gehörte zu den Lieblingsgerichten meiner Familie und steht noch heute oft bei uns auf dem Speiseplan. Wer es weniger fettreich mag, kann statt Sahne auch mit Buttermilch verrührten Quark verwenden.

Kaffeetafel mit Dröppelminna – vom Essen im Bergischen Land

Nun, wo wir eine Vorstellung davon bekommen haben, wie die Menschen im Bergischen früher gelebt haben, können wir auch besser verstehen, wie es zu den typischen Spezialitäten gekommen ist. Wenn man nur wenig hat, muss man sich damit bescheiden, und so manche bergische Familie hat sich in der Vergangenheit bei vielen Mahlzeiten mit Brei aus Hafer und Käsemolke zufriedengeben müssen.

Doch die harte Arbeit macht hungrig und erfordert nahrhaftes Essen. Da durfte es ruhig ein bisschen fetter sein, als es für uns heutzutage in unserem bequemen Alltag bekömmlich ist. Eine ganz wichtige Zutat der bergischen Küche ist deshalb von alters her die Butter gewesen. Meine Großmutter hat es nie ganz verwunden, dass es in der harten Zeit nach dem Krieg bestenfalls „schlechte" Margarine gegeben hat. In den allerschlimmsten Zeiten gab es sogar nur „Ärpelsfritz", einen mit Milch und Gewürzen verrührten Kartoffelbrei, der statt Butter aufs Brot geschmiert wurde.

Fortan war die „gute Butter" ein Lebenselixier für meine Großmutter, was sie mit den Worten untermauerte: „Gute Butter ist das beste Nervenfutter." Manchmal machte sie selbst nach altem Brauch Butter, indem sie Sahne so lange schlug, bis diese klumpte. Dann wurden die Klümpchen in ein Sieb geschüttet, sodass die ganze Buttermilch herauslief, die wiederum ihrerseits köstlich schmeckt und eine beliebte Zutat in mancher bergischen Speise ist. Mit dem Löffel hat meine Großmutter dann auch noch das letzte bisschen Buttermilch herausgeknetet, und zum Schluss wurde die Butter kräftig gesalzen. Meine Großmutter nahm damals allerdings schon das elektrische Handrührgerät zu Hilfe, die bergischen Bäuerinnen der Vergangenheit hatten bloß eine „Botterkrine", ein hölzernes Fässchen, in dem ein Lochbrett so lange hin und her bewegt wurde, bis der Rahm zu klumpen begann. Zuvor hatte die Bauersfrau eine Woche lang immer wieder den Rahm von der frisch gemolkenen Milch abgeschöpft und im „Schmanddöppen" gesammelt. Die Butter aus dem darin entstandenen Sauerrahm schmeckte besonders köstlich.

Um Käse herzustellen, ließ die Bäuerin die Milch erst einmal stehen, bis sie sauer war. Dann wurde die Sauermilch in ein Leinentuch geschüttet und aufgehängt, die Molke tropfte ab und übrig blieb der „weiße Käse". Den konnte man nun aufs Brot schmieren und darüber etwas von dem Rüben-, Birnen- oder Apfelkraut geben, das aus den eigenen Früchten gekocht worden war. Außerdem ließ sich aus dem weißen Käse auch ein Hartkäse zubereiten. Dazu würzte die Bäuerin ihn mit Salz, Pfeffer und Kümmel, manchmal gab sie auch noch gemahlene Nelken oder Zimt hinzu. Dann formte sie kleine Kugeln aus der Masse und legte diese aufs Fensterbrett im kühleren Obergeschoss des Hauses. War der Käse reif, kam er in einen Steinguttopf, um dann bei besonderen Gelegenheiten ein Festmahl zu krönen.

Zum Beispiel die berühmte Bergische Kaffeetafel, das „Koffiedrenken met allem dröm on dran“. Dieses legendäre Festessen entwickelte sich aus dem Brauch des nachmittäglichen Kaffeetrinkens, der im 18. Jahrhundert aufkam. Damit wurden Feierlichkeiten wie Kindstaufen und Hochzeiten abgerundet, aber auch die Trauergäste nach Beerdigungen beköstigt. Diese hatten nämlich oft einen erheblichen Anmarsch zurücklegen müssen, ohne eine Stärkung konnte man sie schwerlich auf den Rückweg schicken.

Zum Kaffee reichte man deshalb Hafermehlwaffeln oder ein paar Scheiben selbstgebackenes Brot. Noch bis ins zwanzigste Jahrhundert hinein war Weizen Mangelware im Bergischen, deshalb bestanden die Brote vornehmlich aus Roggen- und Hafermehl, früher gab man manchmal auch etwas Buchweizen hinzu. Letzterer ist ein „Pseudogetreide“, eigentlich handelt es sich um ein Knöterichgewächs. Der eigentliche Weizen gedeiht ja schlecht auf den bergischen Böden, und wollte man ihn kaufen, so musste man für ein Pfund leicht einen ganzen Tageslohn auf die Theke legen.

Der Bauer backte in der Regel gleich zwölf bis zwanzig Brote, die dann drei Wochen lang für die Familie reichen mussten. Bevor es losgehen konnte, wog er aber zunächst das Korn ab und schaffte es zur Mühle. Das frisch gemahlene Mehl brachte er wieder heim und schüttete es in den Backtrog, gab Wasser und den vom letzten Backen übriggebliebenen Sauerteig hinzu, ließ den Brei über Nacht quellen und machte sich dann ans Kneten. Bei der Riesenmenge von Teig war das keine leichte Aufgabe, deshalb nahm der Bauer meist die Füße zu Hilfe. Ob es dabei üblich gewesen ist, sie zuvor zu waschen, entzieht sich meiner Kenntnis.

Hernach formte der Bauer Laibe aus dem Teig und ließ diese eine Zeit lang ruhen. Je länger diese Zeitspanne währte, desto säuerlicher schmeckte nachher das Schwarzbrot. In der Zwischenzeit heizte der Bauer den Backes an, der sich früher im Keller, später aber ein Stück vom Haus entfernt befand. Vermutlich hatte man inzwischen schmerzliche Erfahrungen mit der vom Backofen ausgehenden Brandgefahr gemacht. Rund drei Stunden lang mussten die Brote im Backes ausbacken, danach bewahrte man sie auf einem Brett bis zum Verzehr auf. Das Brett hing frei im Raum, aber ob das die Mäuse wirklich abgehalten hat?

Für hohe Festtage bereiteten die Bauersfrauen Platz, ein süßes Brot aus Weizenmehl und Milch, manchmal gab es auch Weizen-Brezeln, die kurz in siedendes Wasser getaucht wurden und danach für fünf Minuten zum Schwarzbrot in den Backes kamen. Eine begehrte Delikatesse ist auch der Milchreis gewesen, der natürlich besonderen Anlässen vorbehalten war, denn den exotischen Reis musste man kaufen, und Geld war knapp. Über Handelsbeziehungen mit Holland hatte der Reis einst seinen Weg ins Bergische gefunden. Gerne gab man ihn auf eine Waffel – deren Rezept übrigens auch aus Holland ins Bergische gekommen ist – oder auf eine Scheibe Platz und bestreute ihn mit Zucker und Zimt.

So gesellten sich im Laufe der Zeit all diese Zutaten zur Kaffeetafel, wobei es aber keine festgelegte Speisefolge gab. Serviert wurde, was die heimische Vorratskammer zu bieten hatte, bei reichen Bauern gab es etwas mehr, bei den ärmeren ging es bescheidener zu. Wichtig war der Kaffee, doch wenn man sich den nicht leisten konnte, so tat es auch einfacher Muckefuck. Keineswegs konnte man aber auf die bauchige Kaffeekanne verzichten, die einen Ehrenplatz in der Tischmitte erhielt. Es gibt sie noch immer, sie steht auf drei Füßen, sodass sie von unten mit einem Stövchen beheizt werden kann, und ist meist aus Zinn hergestellt. Obwohl diese Kaffeekanne an einen russischen Samowar erinnert, kam sie einst wie der Reis und die Waffel aus Holland ins Bergische. Hinein gibt man das Kaffeemehl und gießt dann siedendes Wasser darüber.

Im unteren Bereich hat die Kanne ein kleines Zapfhähnchen, das vom Kaffeesatz schnell zugesetzt wird, auch wenn es sich etwas oberhalb des Kannenbodens befindet. Deshalb tropft der Kaffee nur langsam heraus in die Tasse, und auch nach dem Befüllen tropft es in der Regel noch weiter vor sich hin, weil der Kaffee Druck auf das kleine

Hähnchen ausübt. Deshalb heißt diese Kanne sehr passend „Dröppelminna". Moderne Dröppelminnas haben zwar einen Kaffeefilter, dafür schließt das Hähnchen meist immer noch nicht so recht. Schließlich muss die Kanne ja auch ihrem Namen alle Ehre machen.

Um die Dröppelminna herum reihen sich die Speisen so lange, bis der Tisch sich biegt. Schließlich will man seinen Gästen ja etwas bieten. Also gibt es frische Waffeln mit heißen Kirschen und Sahne, und dazu noch Milchreis mit Zucker und Zimt. Zum Schwarzbrot gesellen sich Graubrot und süßer Rosinenplatz, aufs Brot kommt natürlich Butter, außerdem Quark oder weißer Käse, Hartkäse und das beliebte süße Kraut aus Äpfeln, Birnen oder Rüben. Manchmal gibt es auch Honig dazu. Wer's gerne herzhaft mag, hat die Wahl zwischen Leberwurst, Blutwurst und Schinken. Mitunter gibt's noch Gugelhupf oder Marmorkuchen, die bereits erwähnten Brezeln oder „Bullebäuskes", das ist ein typisches kleines Schmalzgebäck. Und zum Abschluss der Bergischen Kaffeetafel braucht man nach all den üppigen Leckereien ganz dringend ein Gläschen Korn. Auf ihre Kaffeetafel halten die Berger große Stücke, man bekommt sie deshalb in vielen Restaurants des Bergischen Landes.

Aber es gibt noch einige andere typische Spezialitäten. Da ist zum Beispiel der „Pillekuchen", ein Pfannkuchen aus fein geschnittenen und gewürzten Kartoffeln, manchmal mit Zwiebeln und Speck, mitunter auch aus geriebenen Kartoffeln, Eiern und Mehl. „Potthucke“ ist ein ähnliches Kartoffelgericht, das von Sauerland und Siegerland her ins Bergische eingewandert ist. Es besteht aus geriebenen rohen und gekochten Kartoffeln, Eiern, Speck und Sahne, eventuell auch Mettwurst und Zwiebeln, und wird im Backofen gegart, dann in Scheiben geschnitten und in der Pfanne knusprig ausgebacken. Meine Großmutter bereitete „Gedämmte“ zu, aus Scheiben von rohen Kartoffeln, die mit Zwiebeln, Fett und etwas Wasser in einem Topf so lange schmoren müssen, bis sie leicht angebrannt riechen. „Schluchkuchen“ besteht aus Kartoffelbrei, der mit Eiern und Mehl vermischt und dann beidseitig in der Pfanne ausgebacken wird. Man verzehrt ihn mit süßem Kraut. Der „Puffert“ wird im Wasserbad gegart, er ist ein Pudding aus Mehl, Eiern, Milch und Hefe. Dazu serviert man Obstkompott.

Unter „Kottenbutter“ versteht man ein Brot mit geräucherter Mettwurst, Zwiebeln, Senf und natürlich Butter. Es verdankt seinen Namen den Hütten der Schleifer am Ufer der Wupper, die „Schleifkotten“ genannt wurden. Die Schleifer arbeiteten unermüdlich für die Kleineisenindustrie, für eine ordentliche Mahlzeit fehlten Zeit und Geld. Stattdessen ernährten die Männer sich von „Kottenbutter“.

„Panhas“ ist eine Kochwurst aus Buchweizenmehl, Zwiebeln, Gewürzen und der reichhaltigen Wurstbrühe, die vom Wurstkochen am Schlachttag übrig geblieben ist. Je nach Rezept kommen noch Rind- oder Schweinefleisch, Brühwurst, Speck oder Schweineblut mit hinzu. Der Panhas wird in Scheiben geschnitten und als Aufschnitt verzehrt oder in der Pfanne gebraten und mit Sauerkraut und Bratkartoffeln gegessen. Er hat seinen Weg aus Westfalen ins Bergische Land gefunden.

Aus dem Rheinland sind Sauerbraten, Heringsstipp und Reibekuchen ins Bergische Land gekommen. Während der Wachstumszeit bereitet man Speisen aus dem frischen Gartengemüse, aus Feld- und Endiviensalat, Rauke, Löwenzahn und jungen Brennnesseln. Eine besondere Delikatesse ist der Rübstiel, den man in vielen Teilen Deutschlands gar nicht kennt. Dabei handelt es sich um die jungen Blätter der Speiserübe, die Samen müssen aber so dicht gesetzt werden, dass sich keine Wurzel entwickeln kann. Die Blätter werden entfernt, die dünnen Stiele fein geschnitten und gegart. Mit Butter oder Bechamelsauce avancierte Rübstiel zum Lieblingsgemüse meiner Kindheit.

Im Winter werden dann der eingelegte Kohl und die Schnippelbohnen verzehrt, das Dörrobst reichert Haferbrei und Gemüsesuppen an. Fleisch war früher knapp im Bergischen Land, deshalb kam es nur selten und zu besonderen Anlässen auf den Tisch. Weihnachten wurden Rindfleischsuppe und Schweinebraten serviert, zu Ostern schlachtete man vielleicht ein Zicklein. Auf jeden Fall gab es dann aber viele Eier, denn nach der winterlichen Legepause begannen die Hühner wieder fleißig mit der Eierproduktion. Zu

Ostern oder zu Pfingsten zogen die jungen Burschen zum „Eiersingen“ von Haus zu Haus, für ihren Gesang dankte man ihnen mit ein paar Eiern und vielleicht einem Pinnchen Schnaps. Hinterher wurden dann gemeinsam nach Herzenslust Eierpfannkuchen gebacken.

Hauptnahrungsmittel ist im Bergischen noch immer die Kartoffel, die hier „Äädappel“ heißt. Daraus wird je nach Lokalkolorit „Ääpel“, „Ärpel“, „Ierpel“ oder etwas Ähnliches, und macht man daraus einen Salat, so heißt der „Ärpelschloot“.

Die traditionelle bergische Küche ist deftig und einfach, aber wir können auch mehr. Das beweisen die zahlreichen Sternerestaurants im Bergischen Land, allen voran die Drei-Sterne-Küche des Schlosshotels Bensberg. Die direkte Konkurrenz von Dieter Müller im Restaurant vom benachbarten Schloss Lerbach gibt es zwar seit 2008 nicht mehr, doch der Nachfolger des Meisterkochs bringt es immerhin auch auf zwei Michelin-Sterne. Und dann wäre da noch der vielgerühmte „Liebhäuser Eierkuchen“ aus der Rengser Mühle bei Bergneustadt, dessen Rezept seit achtzig Jahren wie ein Staatsgeheimnis gehütet wird. Wer es einfacher mag, der fährt ins Kürtener Land zu „Hähnchen Ewald“. Das halbe Hähnchen mit Pommes und selbstgemachter Majonäse aus dem Schnellimbiss hat inzwischen Kultstatus erreicht, dafür stehen die Hungrigen sogar Schlange. Wir haben also im Bergischen für jeden Geschmack etwas zu bieten!

Rübstieleintopf

Zutaten: *4 dicke Bunde Rübstiel (ca. 1200 g), 600 g Suppenfleisch, 600 g mehlig kochende Kartoffeln, 200 ml Milch, 30 g Mehl, 40 g Butter, geriebene Muskatnuss, Salz, Pfeffer*

Zubereitung: *Das Suppenfleisch in einem Topf gerade eben mit gesalzenem Wasser bedecken, aufkochen und sodann bei reduzierter Hitze 2 Stunden lang köcheln lassen.*

Die Kartoffeln schälen und in grobe Würfel schneiden. Die Blätter vom Rübstiel abstreifen. Allenfalls zarte, junge Blätter dürfen verwendet werden, denn die älteren schmecken bitter. Das untere Ende vom Rübstiel abschneiden, dann die Stiele gründlich waschen und in Röllchen schneiden.

Das Suppenfleisch nach Ablauf der Kochzeit aus dem Topf nehmen, die Kartoffeln hineingeben, zehn Minuten lang köcheln lassen, dann das Fleisch darauflegen und mit dem Rübstiel bedecken. Weitere zwanzig Minuten lang köcheln lassen, danach das Suppenfleisch entfernen, die mageren Anteile herauslösen und in kleine Stücke schneiden.

Mit dem Kartoffelstampfer das Gemüse grob zerstampfen, die Butter und die mageren Fleischstücke hinzugeben. Die Milch mit dem Mehl in einem Schüttelbecher gut verquirlen und in den Eintopf einrühren. Kurz unter Rühren aufkochen lassen und mit Muskatnuss, Salz und Pfeffer abschmecken.

Mit Schwung durchs Bergische – die Wupper

Wuppertal, an einem nebelverhangenen Tag im November 1971. Auf einer Brücke am Döppersberg stehen zwei Mädchen und schauen hinab in die Wupper, die zu ihren Füßen entlangströmt, während sich über ihnen gerade ein roter Wagen der Schwebebahn mit metallischem Quietschen in die Kurve legt. Doch die Kinder haben nur Augen für das unscheinbare braune Medizinfläschchen, das sie gerade in den Fluss geworfen haben. Das Experiment scheint zu gelingen, denn das Fläschchen tanzt auf der bewegten Oberfläche des Wassers und geht nicht unter. Wippend umkurvt es die Steine, die aus der Wupper ragen, und macht sich auf den Weg flussabwärts.

Es ist eine Flaschenpost, die Mädchen haben sorgsam einen Zettel beschriftet und in das Fläschchen hineingesteckt, dann haben sie den roten Schraubverschluss fest zugedreht und sicherheitshalber seitlich noch mehrfach mit Klebestreifen umwickelt. Schon verschwindet das Fläschchen unter der Brücke. Die Mädchen stürzen auf die andere Seite, um es weiter mit ihren Blicken verfolgen zu können. Da ist es wieder, sein roter Verschluss bildet einen scharfen Kontrast zum dunklen Wasser der Wupper. Doch unaufhaltsam bewegt es sich weiter flussabwärts, der rote Punkt wird kleiner und kleiner, verliert sich allmählich im Novembernebel, bis die Mädchen ihn schließlich aus den

Augen verlieren. Welchen Weg wird ihre Flaschenpost nehmen? Sie wird wupperabwärts schwimmen und in Leverkusen in den Rhein gleiten. Der mächtige Strom wird sie nach Nordwesten tragen, sie wird Deutschland verlassen und schließlich in die Nordsee gelangen. Wohin wird die Strömung sie dann bringen? Hinauf ins Eismeer oder weiter nach Westen? Und eines Tages werden die Mädchen Antwort von einem Piraten bekommen, der ihr Fläschchen am Strand einer Karibikinsel aus dem Atlantik gefischt hat!

Die beiden Mädchen sind meine Freundin Gunhild und ich gewesen. Wir waren zu Besuch bei meiner Großmutter in Wuppertal. Eine Zeit lang haben wir noch auf Antwort gewartet, doch später haben wir unsere Flaschenpost vergessen.

Die Wupper, so hatten wir gerade im Heimatkundeunterricht gelernt, sei der „fleißigste Fluss Deutschlands". Das liege daran, so referierte unsere Lehrerin, dass der gut 116 Kilometer lange Fluss auf seinem weit geschwungenen Weg quer durchs Bergische Land bis zum Rhein vierhundert Höhenmeter überwinden müsse. Das verhilft ihm zu einigem Gefälle und zu beachtlicher Fließgeschwindigkeit, und diese Tatsache wiederum machten die Menschen sich schon seit dem Mittelalter zunutze. Nicht nur, dass das sauerstoffreiche Wasser Lebensraum für viele Fische war, die den Anrainern der Wupper als Nahrung dienten. Nein, das Wasser trieb auch zahlreiche Korn- und Ölmühlen, Schleifkotten und Hammerschmieden an. Zwischen dem

14. und dem 20. Jahrhundert sollen es bis zu zweihundert Wasserräder gewesen sein, mit denen sich die Menschen entlang des Flusslaufs die Wasserkraft zunutze machten.

Im Oberlauf heißt der Fluss, der aus mindestens 37 kleinen und kleinsten Quellen bei Meinerzhagen entspringt, noch Wipper, er ist namensgebend für zahlreiche Ortschaften entlang seines Verlaufs. So zum Beispiel für die Stadt Wipperfürth, die an einer der wenigen Furten liegt, an denen sich früher das sumpfige Bett des zeitweise große Wassermengen führenden Flusses mit Pferd und Wagen überqueren ließ. Diese Wupperpassage verhalf der Stadt im Mittelalter zu großer Bedeutung, sie war Mitglied des mächtigen Handelsbundes der Hanse. In Wipperfürth kreuzten sich Wege, die aus allen Richtungen kamen.

Diese Wege waren auch für die Eisenindustrie von Bedeutung. Das in den Bergwerken des Bergischen Landes geförderte Erz wurde gleich vor Ort geschmolzen und anschließend mithilfe der Wasserkraft der Wupper veredelt. Die aufstrebende Industrie verlangte jedoch schließlich nach mehr Rohmaterial, das aus Sauer- und Siegerland herbeigeschafft werden musste. Dieses Geschäft war so lohnend, dass man über die Unwegsamkeit des bergischen Geländes hinwegsah und zur Erleichterung des Transports die Mühe in Kauf nahm, bequeme Wege durch das hügelige Terrain anzulegen. So entstand die Bergische Eisenstraße aus zwei unbefestigten Transportpfaden, die sich aus Richtung Siegen und von den Müsener Bergwerken her kommend bei Wenden zu einem Weg vereinigten, der über Eckenhagen und Marienheide bis zu den eisenverarbeitenden Betrieben an der Wupper nach Wipperfürth, Hückeswagen, Barmen, Elberfeld, Cronenberg, Remscheid und Solingen führte. Ein historisches Dokument aus Remscheid hat überliefert, dass alleine im Jahr 1791 mehr als sechstausend Tonnen Eisen auf gut zwölftausend Karren diesen Weg genommen haben. Und eine der ältesten befestigten Straßen Deutschlands verläuft seit 1820 von Hückeswagen nach Gummersbach, heute befindet sich hier die B237/B256.

Doch auch ein anderer Industriezweig wusste die Wupper zu nutzen. Schon früh dienten die Flussauen als Bleiche für die aufstrebende Textilindustrie. 1527 erteilte der Herzog von Berg den Wuppersiedlungen Barmen und Elberfeld das Exklusivrecht für die Garnbleiche. Das weiche und kalkarme Wupperwasser war ein hervorragendes Lösungsmittel und diente außerdem zum Auswaschen der behandelten Textilien. Fleißig wurden also von nun an Stoffe gebleicht und eingefärbt, und nichtsahnend hatte der Herzog den Grundstein für die chemische Industrie gelegt. Das zog mehrere Konsequenzen nach sich. Zum einen blühte die hiesige Textilverarbeitung beständig auf, zum anderen siedelten sich infolgedessen immer mehr Menschen an der Wupper an. Denn die Textilindustrie verlangte nach Arbeitskräften. Die Folgen waren verheerend für den kleinen Fluss.

Es war nämlich so, dass nicht nur die Anwohner ihre Abfälle und ihr Schmutzwasser hemmungslos in den Fluss kippten, die Industriebetriebe taten kurzerhand das Gleiche. Alle Abwässer flossen ungehindert in die Wupper, sodass die Farbe des Wassers schließlich von schwarz über metallisch-bunt bis dunkelrot changierte und die Wupper vollständig zur Kloake verkam. Alles Leben im Fluss kam zum Ersterben, mit der Fischerei war es aus. Es wurde so schlimm, dass die Wupper noch Anfang der Siebzigerjahre des vorigen Jahrhunderts nach der Emscher den zweiten Platz unter den meistverschmutzten Flüssen Westdeutschlands einnahm. Ihr Wasser sah nicht nur scheußlich aus, es stank auch zum Himmel. Das kam so übel, dass in Leichlinger Schulen, die an den Flusslauf angrenzten, der Unterricht abgebrochen wurde, wenn es nicht mehr auszuhalten war. Das hieß dann „stinkefrei“. Und böse Zungen sagen, dass die Wupper nur deshalb als „fleißigster Fluss Deutschlands“ bezeichnet wurde, weil sie solch ungeheure Mengen von Dreck fortschaffte.

Noch im gleichen Jahrzehnt begann das Umweltbewusstsein in Deutschland allmählich zu wachsen. Ein umfassendes Wasserschutzprogramm wurde in Angriff genommen, Abwasserrohre wurden stillgelegt, Klärwerke nahmen den Betrieb auf. Das Wasser der Wupper hat heute zwar noch immer keine Trinkwasserqualität, doch es leben wieder zahlreiche Fische im Fluss, und selbst im Stadtgebiet von Wuppertal nisten Fischreiher am Rand der Wupper.

Große Teile der Uferlandschaften stehen heute unter Naturschutz. Seit 2005 können Wanderer über den Wupperweg entlang des Flusslaufs von Marienheide bis Leverkusen quer durchs Bergische Land ziehen. Dabei passieren sie so atemberaubend üppig zugewachsene Ufergebiete, dass begeisterte Naturfreunde die Wupper schon als „Amazonas im Bergischen Land" bezeichnet haben.

Drei Talsperren stauen die Wupper und zahlreiche andere die ihr zulaufenden Flüsse. Mit ihrer Hilfe reguliert man den Wasserstand und schützt die Uferzonen vor Hochwasser. Die so harmlos wirkende Wupper kann sich nämlich mitunter in einen reißenden Gebirgsstrom verwandeln, noch 1890 gab es Tote bei einem schweren Hochwasser in Barmen.

Der größte der Wupperstauseen ist die erst 1989 fertiggestellte Wuppertalsperre zwischen Remscheid-Lennep, Hückeswagen und Radevormwald. Sie hat neben etlichen Ortschaften auch die älteste Wupperbrücke, die Kräwinkler Brücke, unter ihrem Wasser versinken lassen. Doch immerhin knapp zweihundert andere Brücken führen heute über die nicht schiffbare Wupper.

Von Wuppertal bis Leverkusen mäandriert die Wupper über den felsigen Untergrund aus Grauwacke, Sandstein und Quarzit bis zu ihrer Rheinmündung. Sie ist ein alter Fluss, denn sie existiert schon seit mindestens dreißig Millionen Jahren. An den Rhein war damals noch gar nicht zu denken, die Wupper mündete direkt ins Meer.

Darin verschwand sie dann, war also sprichwörtlich „über die Wupper gegangen".

Diese Redewendung hat die Wupper im gesamten deutschen Sprachraum bekannt gemacht. Man kennt sie sogar in Österreich und in der Schweiz. Leider weiß man nicht, wie es zu der griffigen Bezeichnung kam, es gibt aber mehrere Theorien. Zum einen heißt es, dass vorzeiten auf der einen Seite der Wupper ein Gefängnis lag, die Hinrichtungsstätte jedoch auf der anderen. Wer dort hinüberging, der kam nicht wieder, er „ging über die Wupper". Andererseits liegt das Wuppertaler Amtsgericht auf einer Insel in der Wupper, und wer Insolvenz anmelden muss, der muss dorthin über die Wupper gehen. Andere Deutungen besagen, dass die arbeitslos gewordenen Textilarbeiter die Wupper überqueren mussten, um anderenorts Arbeit zu suchen, oder dass junge Männer über die Wupper gingen, weil diese einst die Grenze zwischen Preußen und dem Herzogtum Berg markierte und sie der Rekrutierung als Soldat für den Preußenkönig Friedrich Wilhelm I. entgehen wollten. Oder war es nur, weil man seinen Dreck in die Wupper warf und der damit verschwand?

Wie dem auch sei, unsere Flaschenpost ist zwar durch die Wupper geschwommen, aber nicht über die Wupper gegangen. Im Herbst 2007 klingelte mein Telefon. Eine Frau hatte das braune Medizinfläschchen bei Krefeld aus dem Rhein gezogen, nach 36 Jahren und gut 120 Kilometern im Wasser. Damit hatte das Fläschchen jährlich rund 3,3 Kilometer zurückgelegt, dagegen ist jede Schnecke ein Sprinter. Die Finderin hatte den verwitterten Klebestreifen entfernt und den noch immer leidlich roten Schraubverschluss geöffnet. Der Geruch, der ihr dann entgegenschlug, war fürchterlich. Doch wen wundert das, war doch die Wupper Anfang der Siebzigerjahre noch eine reine Chemie-Kloake gewesen?

Unser Zettelchen war noch recht gut erhalten. Sie konnte problemlos meinen Namen entziffern und hatte mich dank Internet im Nu gefunden. Zwar war sie kein Pirat, und sie rief auch nicht von einer Karibikinsel aus an, doch nach 36 Jahren spielte das wohl keine Rolle mehr.

Elberfelder Kringel

Zutaten: *500 g Mehl, 200 g Butter (zimmerwarm), 150 g Zucker, 2 Eier, 150 ml Milch, 1 Würfel Hefe, gemahlener Zimt, 150 g Rosinen, Mehl für die Arbeitsfläche*

Zubereitung: *Das Mehl in eine Schüssel füllen. Die Milch lauwarm erhitzen und die Hefe darin auflösen. Dann zusammen mit der Butter, 50 g Zucker und den Eiern zum Mehl geben und kräftig zu einem geschmeidigen Teig verkneten. Mit einem Geschirrtuch abdecken und 30 Minuten an einem warmen Ort gehen lassen. Danach noch einmal durchkneten und anschließend auf einer eingemehlten Arbeitsfläche recht dünn ausrollen. Mit dem restlichen Zucker, Zimt und den Rosinen bestreuen, von einer Seite her aufrollen und zu einem Kringel schließen. Auf ein mit Backpapier ausgelegtes Backblech legen und 10 Minuten gehen lassen. Den Backofen auf 180°C vorheizen und den Kringel darin ca. 45 Minuten lang backen, bis er goldbraun ist.*

Im Rausch der Chemie – Entdeckungen in Elberfeld

„In der Chemie", sagte Friedrich zu seinem Freund Johann, „liegt die Zukunft." Und Johann pflichtete ihm bei.

Die beiden Männer kamen aus Barmen, und schon ihre Väter hatten in der Textilindustrie gearbeitet. Hier wurde gefärbt und gebleicht, mit chemischen Stoffen kannten sie sich bestens aus. Deshalb gründeten die Freunde ein gemeinsames Unternehmen zur Herstellung von künstlichen Farben.

Johann war ein genialer Tüftler und experimentierte mit allerhand Farbstoffen, die aus Steinkohleteer gewonnen wurden. Friedrich hingegen lag mehr das Kaufmännische, und so übernahm er den geschäftlichen Teil der neuen Chemiefabrik. Johann legte keinen Wert auf öffentlichen Ruhm, daher einigten sich die Freunde darauf, dass ihre Firma Friedrichs Nachnamen tragen sollte. Doch ein gleichnamiger Halunke aus Leipzig trieb in jenen Jahren sein betrügerisches Unwesen in Deutschland, und die beiden Jungunternehmer befürchteten eine dadurch bedingte Rufschädigung für ihre Fabrik. Deshalb änderte Friedrich kurzerhand einen Buchstaben seines Namens, aus Friedrich Beyer wurde Friedrich Bayer.

Die beiden Freunde waren ein großartiges Team, die Firma florierte. Doch war es ihnen nicht vergönnt, den Erfolg an ihrem Lebensabend zufrieden auszukosten.

Johann Weskott starb mit 55 Jahren an einem Lungenleiden, das er sich beim Umgang mit den Chemikalien und ihren gefährlichen Dämpfen zugezogen hatte. Und sein jüngerer Freund Friedrich folgte ihm im Jahr 1880, er war sogar nur 54 Jahre alt geworden. Zurück blieben 384 Angestellte sowie die Söhne und Schwiegersöhne der beiden Gründerväter, die das Unternehmen Bayer übernahmen und in eine AG umwandelten.

Die neue Firmenleitung bewies einen hervorragenden Instinkt, als sie bereits nach drei Jahren den Chemiker Carl Duisberg engagierte. Auch er kam aus Barmen, und er hatte nicht nur viel Ahnung von seinem Fach, sondern erwies sich auch als Führungspersönlichkeit. Schon bald übernahm er die Leitung der wissenschaftlichen Versuche, und schnell erkannte er, dass das Firmengelände an der Wupper als Produktionsstätte keine Zukunft hatte. Bereits einige Jahre zuvor war die Fabrik von Barmen nach Elberfeld umgezogen, doch das Wupper-Tal war auch hier zu eng. Räumliche Expansion war nicht möglich. Duisberg schaute sich um und fand schließlich eine kleine Chemiefabrik weiter im Südwesten am flachen Rheinufer. Dort gab es schon ein paar der notwendigen Anlagen und außerdem jede Menge Platz. Der Gründer dieser Fabrik war gerade gestorben, und seine Söhne wollten verkaufen. So übernahm Bayer die Chemiefabrik am Rhein, die deren Gründer nach seinem heimischen Hof im bergischen Lennep einst „Leverkus“ getauft hatte. Aus „Leverkus“

wurde „Bayer“, doch die Arbeitersiedlung der Fabrik, die deren Bewohner unter sich stets „Leverkusen“ genannt hatten, übernahm diesen Namen schließlich auch offiziell, als sie 1930 zur Stadt angewachsen war.

Bayers Aufstieg war unaufhaltsam. Auch nach dem Umzug der Produktion an den Rhein verblieb der Hauptsitz der Forschungsabteilung in Elberfeld an der Wupper. Hier experimentierten junge Talente mit allerhand Chemikalien, um neue Stoffe zu entdecken. Schon längst begnügte man sich nicht mehr allein mit Farben. Vielmehr richtete man jetzt das Augenmerk auch auf die aufstrebende pharmazeutische Industrie.

So hatte die Personalabteilung stets ein offenes Ohr, wenn ihr vielversprechende junge Wissenschaftler empfohlen wurden. Zum 1. April 1894 wurde Felix Hoffmann auf Empfehlung des späteren Nobelpreisträgers Adolf von Baeyer eingestellt. Hoffmann war gerade 26 Jahre alt, studierter Pharmazeut und darüber hinaus noch Absolvent der Universität München als promovierter Chemiker. Hoffmann zog nach Elberfeld und trat seinen Dienst in der pharmazeutisch-chemischen Abteilung von Bayer an. Hier wuselten vierzig Chemiker herum und testeten die Möglichkeiten, die sich beim Mischen, Erhitzen oder sonstigem Manipulieren der verschiedensten Stoffe eröffneten.

Hoffmann selbst hatte ein ganz besonderes wissenschaftliches Interesse: Er wollte den Menschen die Schmerzen nehmen. Denn sein geliebter Vater litt schon seit vielen Jahren unter unerträglichen Rheumaschmerzen, sie raubten ihm jede Lebensqualität, das ständige Leid hatte den alten Herrn inzwischen völlig zermürbt. Es musste doch möglich sein, etwas zu finden, das den Vater davon befreien konnte!

Schon seit Jahrtausenden kannten die Menschen die betäubende Kraft der Opiate. Die Sumerer und die alten Ägypter wussten bereits um die wohltuende Wirkung des Safts, der sich aus dem Schlafmohn gewinnen lässt, und in China war das Opiumrauchen weit verbreitet. Im British Empire hatte die East India Company viel Geld mit dem Import von bengalischem Opium ins Reich der Mitte verdient, und zweimal war es zum Krieg zwischen Großbritannien und China gekommen, als die chinesischen Machthaber den Drogenhandel zu unterbinden versuchten. Immer wieder hatten Apotheker mit Stoffen experimentiert, um den Wirkstoff des Opiums auf synthetischem Weg zu isolieren und für medizinische Zwecke im großen Rahmen industriell herzustellen.

In Paderborn war 1804 dem Apothekergehilfen Friedrich Wilhelm Sertürner schließlich der Durchbruch gelungen: Er hatte ein wirksames Alkaloid aus dem Opium isoliert, das selbst stärkste Schmerzen stillen konnte. Nach dem Sohn des griechischen Gottes Hypnos, seinesteils Gott des Schlafes, nannte Sertürner sein neues Wundermittel „Morphin“. Denn Hypnos‘ Sohnemann Morpheus ist der Gott der Träume.

In der alltäglichen Umgangssprache wurde aus „Morphin“ schnell „Morphium“, als die Firma Merck in Darmstadt 1828 schließlich die Großproduktion aufnahm. Mitte des Jahrhunderts wurde die medizinische Spritze erfunden, was dem Morphium zu großem Auftrieb verhalf. Nun konnte es sich jedermann direkt in die Blutbahn injizieren und sich somit umgehend von allen Schmerzen befreien. Besonders die verletzten Soldaten der blutigen Kriege in der zweiten Hälfte des neunzehnten Jahrhunderts machten sich das neue Wundermittel zunutze. Doch leider trat dabei schnell eine üble Nebenwirkung zutage: der Morphinismus. Das Zeug machte abhängig!

Es galt also, einen Stoff zu finden, der genauso gut half wie Morphium, von dessen Anwendung man aber nicht süchtig wurde. In London experimentierte 1873 der Chemiker C. R. A. Wright mit Morphium herum. Er ersetzte ein Wasserstoffatom durch eine kleine Acetyl-Gruppe, die er aus Essigsäure gewonnen hatte, und machte auf diese Weise aus dem Morphin das Diacetylmorphin. Zwar ließ er die Wirksamkeit seines neuen Stoffes überprüfen, doch veranlasste er dessen weitere Produktion nicht. Er hatte nämlich zwischenzeitlich damit begonnen, eine Brennstoffzelle zu entwickeln, und steckte seine Energie nun in dieses Gebiet.

Doch 22 Jahre später stieß Felix Hoffmann in Elberfeld bei seinen Recherchen auf der Suche nach einem Schmerzmittel auf die Erkenntnisse von C. R. A. Wright.

Er wiederholte Wrights Experimente und erprobte das dabei gewonnene Diacetylmorphin. Der Schmerz verschwand augenblicklich, und eine Suchtwirkung schien es nicht zu geben. War das Wunder geschehen? Würde die Menschheit ab jetzt von allem Leid befreit auf den Wölkchen des seligmachenden Diacetylmorphins zum ewigen Glück schweben? Begeistert stürzten sich auch Hoffmanns Kollegen in die Arbeit, und schon im Juni 1896 hatten sie ein Verfahren entwickelt, mit dem sich das neue Mittel im großen Stil synthetisieren ließ. Bayer meldete es zum Patent an, doch die Bezeichnung „Diacetylmorphin" war zu wenig griffig. Deshalb erhielt das neue Zaubermittel den wohlklingenden Namen „Heroin".

Nicht nur Hoffmanns Vater war damit schnell von seinen Schmerzen befreit. Als unerwünschte Nebenwirkungen wurden lediglich eine mögliche Verstopfung und eventuelle Einschränkung der Libido erkannt, aber was machte das schon im Vergleich zu den segensbringenden Wirkungen des als „heroisch" beschriebenen – und deshalb so benannten – Heroins? Es wurde als nicht süchtig machendes Medikament mit allen Vorteilen des Morphins angepriesen und mithilfe einer bombastischen zwölfsprachigen Werbekampagne auf den deutschen und den internationalen Markt gedrückt. Ärzte verordneten Heroin gegen Bluthochdruck und Herzkrankheiten, bei Lungenproblemen und Nervenleiden, gegen hartnäckigen Husten und Schmerzen aller Art. Narkosen wurden mit Heroin eingeleitet, Gebärenden nahm man damit den Wehenschmerz.

Es dauerte mehr als zehn Jahre, bis allmählich auffiel, dass das Versprechen nicht so ganz gehalten werden konnte. Opiumsüchtige in den USA bemerkten, dass sie ihre schwer erhältliche Droge prima durch das überall frei verkaufte Heroin ersetzen konnten. Die Zahl der Abhängigen stieg rasant. Auch chinesische Einwanderer wechselten vom Opium zu Heroin, aber diese Leute waren im damaligen Amerika nicht gerade beliebt. Die Aversion gegen die Chinesen griff schließlich auf das Heroin über, und so verbot man das Rauschmittel mit der Zeit in immer mehr Bundesstaaten. Die suchtverursachende Wirkung wurde schließlich allgemein bekannt, der politische Druck stieg. 1931 stellte Bayer die Produktion seines vermeintlichen Wundermittels ein, doch inzwischen hatten andere den Herstellungsprozess kopiert. Nach dem Ersten Weltkrieg war Bayer nämlich im Rahmen des Versailler Vertrags zur umfassenden Aufgabe seiner Patentrechte gezwungen worden. Die „Pizza-Connection“ der Mafia versorgte jetzt die USA mit Heroin, das auf Sizilien in Tomatendosen gefüllt und so ganz unauffällig in amerikanische Pizzerien geschmuggelt wurde. In Deutschland war der Stoff noch bis 1958 offiziell im Handel. Das Verkaufsverbot gibt es sogar erst seit 1971.

Für Bayer war der Fehlgriff mit dem Heroin natürlich ein herber Rückschlag. Doch die Einstellung des talentierten Felix Hoffmann war trotzdem alles andere als ein Lapsus gewesen. Bei seiner Suche nach schmerzstillenden Mitteln hatte er nämlich auch noch mit anderen Stoffen herumexperimentiert.

Schon seit Menschengedenken wusste man um die schmerzstillende und fiebersenkende Wirkung der Weidenrinde, und bereits 1828 war es einem Münchener Pharmakologen gelungen, den Stoff Salicin daraus zu isolieren. Durch Oxydation entsteht daraus Salicylsäure, doch diese verursacht schwere Magenbeschwerden, sie stört das Atemzentrum und das Zentralnervensystem. Sie reizt Haut und Schleimhäute, verursacht Allergien und Blutungen, sie schädigt Leber und Nieren. Von der Anwendung ist daher abzuraten.

Man muss die Salicylsäure verändern, indem man sie mit Acetanhydrid aufkocht, dann erhält man o-Acetylsalicylsäure. Und der Erste, dem das gelang, war Felix Hoffmann am 10. August 1897 im Labor der Bayer-Werke in Elberfeld. Das Mittel wurde zum Patent angemeldet, doch Bayer nannte es nicht „o-Acetylsalicylsäure“. Wer hätte das schon aussprechen können? Einen prägnanten Namen dachte sich der Arzt aus, der die Wirkung des neuen Medikaments in einer ersten klinischen Studie erprobt hatte. Er nahm das „A“ von „Acetyl“ und den Rest vom Echten Mädesüß, einem salicylhaltigen Rosengewächs, das auch „Spire“ genannt wird. Und fertig war das „Aspirin“.

Felix Hoffmann stieg zum Leiter der pharmazeutischen Abteilung und zum Prokuristen der Bayer AG auf. 1929 trat er in den Ruhestand und verbrachte seinen Lebensabend in der Schweiz, wo er 1946 im Alter von 78 Jahren starb. Er hatte zwar keine Nachkommen, doch auf keinen Fall kann man sagen, dass er nichts hinterließ.

Wuppertaler Rivkooche

Zutaten für 4 Personen: *800 g Kartoffeln, 2 kleine Zwiebeln, 60 g Haferflocken, 3 Eier, reichlich Speiseöl zum Braten, Zucker, Salz, Pfeffer*

Zubereitung: *Die Kartoffeln und Zwiebeln schälen und mittelfein reiben. Die Masse in ein Tuch geben und auspressen, anschließend in eine Schüssel füllen. Eier, Haferflocken und eine Prise Zucker hinzugeben, salzen und pfeffern und alles gut miteinander vermengen. Dann 10 Minuten lang quellen lassen.*

In einer Bratpfanne reichlich Öl gut erhitzen und mit einer kleinen Kelle oder einem großen Löffel portionsweise Teigmasse hineingeben, zu kleinen Fladen flach drücken und auf jeder Seite etwa 3 Minuten lang backen, bis sie appetitlich goldgelb sind. Auf Küchenkrepp abtropfen lassen. So weiterverfahren, bis aller Teig verbraucht ist, dabei nicht am Öl sparen.

Zu den Reibekuchen serviert man traditionell Apfel-, Birnen oder Rübenkraut und Apfelmus. Sie schmecken auch mit Ahornsirup, wer es herzafter mag isst sie mit Sauerrahm, Räucherlachs und einer Prise Dillspitzen.

Verkehrschaos im Wupper-Tal – Schweben gegen den Stau

Die boomende Industrie hatte Elberfeld und Barmen im Lauf des 19. Jahrhunderts zu großen Städten anwachsen lassen. An die vierhunderttausend Einwohner lebten hier schließlich. Die vielen Menschen und die Fabriken brauchten Platz, doch das Tal der Wupper war eng. Immer dichter wuchsen die beiden Städte zusammen, jede verfügbare Fläche im Flusstal hatte man bebaut. Schmale Fußgängerwege und ein paar von Kutschen befahrbare Straßen zogen sich durch das Konglomerat aus Häusern und Fabriken, es herrschte ein ständiges Gedränge. So konnte es nicht weitergehen.

Zwar gab es schon seit den Vierzigerjahren des Jahrhunderts eine Eisenbahnstrecke, die durch das industriereiche Wupper-Tal führte und eine wichtige Verbindung nach Düsseldorf und zum Rhein einerseits und in die aufstrebenden Städte des Ruhrgebiets andererseits darstellte. Doch die Zeit war insgesamt schnelllebiger geworden. Um ihre Führungsposition als industrielle Zentren aufrechterhalten zu können, mussten die Städte Barmen und Elberfeld ihren Einwohnern auch schnelle Wege innerhalb des eigenen Stadtgebiets ermöglichen. Doch das Gegenteil war der Fall. Die ständig wachsende Einwohnerzahl erschwerte das innerstädtische Vorwärtskommen immer mehr. Überall drängten sich die Leute,

Kutschen kamen nicht voran, blieben schließlich ganz im Gewusel stecken. Wer zu seinem Arbeitsplatz musste, wurde ungeduldig und schaffte sich mit den Ellenbogen Platz, Tumult brach aus, und Stau verstopfte die Städte im Wupper-Tal, lange bevor an die Massenmotorisierung zu denken war.

Andere Städte bauten in diesen Jahren Straßenbahnen, um ihren Bürgern das schnelle und bequeme innerstädtische Reisen zu ermöglichen. Doch die engen Gassen von Elberfeld und Barmen boten dafür nur wenig Platz, statt für schnelleres Fortkommen zu sorgen, verstopfte die Straßenbahn die Wege noch zusätzlich. Eine U-Bahn konnte man schwerlich durch den Untergrund treiben, denn der war viel zu felsig, und außerdem stand das Grundwasser deutlich zu hoch. Guter Rat war teuer.

Die Stadtväter saßen so manches Mal zusammen und zerbrachen sich die Köpfe. Ihre Städte waren doch so innovativ und direkt am Puls des technologischen Fortschritts jener Zeit, doch ausgerechnet für ihr Verkehrsproblem fanden sie keine Lösung.

Schon in der ersten Hälfte des Jahrhunderts hatte Friedrich Harkort um die Probleme der beiden Wupperstädte gewusst. Zwar kam er aus der Gegend von Hagen, doch hatte er in Barmen seine kaufmännische Lehre absolviert. Inzwischen war er ein Industrieller geworden und nebenbei auch noch einflussreicher Politiker. Als Vordenker und mutiger Pionier trug er maßgeblich zur

Entwicklung und zur verkehrstechnischen Erschließung des Ruhrgebiets bei. Doch auch das Fortschrittszentrum an der Wupper verlor er nicht aus den Augen. Verkehrsentwicklung war sein Ding, und als 1824 der Brite Henry Robinson Palmer eine hängende Eisenbahn vorstellte, war Harkort sofort begeistert. Das war doch die Lösung für das Wupper-Tal! Man musste sich einfach den Luftraum über dem Fluss zunutze machen! Er ließ seine Firma eine Probestrecke in Elberfeld bauen, doch die Stadtväter schüttelten die Köpfe. Missmut hatte sich unter ihnen breitgemacht. Manch einer sah sich von der geplanten Streckenführung übervorteilt, sollte diese doch just an seinem eigenen Werk nicht vorbeiführen. Ehe die Herren das akzeptieren würden, wollten sie lieber gar keine Bahn. Die ehrgeizigen Pläne wurden ad acta gelegt, das Verkehrsproblem blieb bestehen. Die Jahre vergingen, die Lage spitzte sich immer weiter zu.

Da trat Eugen Langen auf den Plan. Er war ein Tüftler aus Köln, zusammen mit Nikolaus August Otto hatte er die welterste Motorenfabrik aus der Taufe gehoben. Der Weg war steinig, ihre Firma ging bald darauf in den Konkurs, doch Langen ließ sich nicht beirren. Er gründete die Gasmotorenfabrik Deutz, stellte Gottlieb Daimler und Wilhelm Maybach ein und ebnete so den Weg für Otto, seinen Viertaktmotor fertigzustellen.

Außerdem beteiligte sich Langen an einer Zuckerfabrik. Für „Pfeifer & Langen“ erfand er einen speziellen

Kohleofen, kochte damit „Kölner Zucker" und entwickelte den ersten Zuckerwürfel der Welt.

Weil ihm das immer noch nicht reichte, wurde er Teilhaber einer Waggonfabrik. Die Schienenbahnen weckten seine Leidenschaft, und besonders verlockend fand er die Vorstellung, diese Bahnen einfach platzsparend durch die Luft schweben zu lassen. Er baute eine kurze Hängebahn als Teststrecke. Natürlich hing diese Bahn an ihren Schienen, statt zu schweben, doch die Bezeichnung „Schwebebahn" fand Langen irgendwie hübscher.

Mit dieser Idee im Gepäck kam er schließlich 1894 nach Wuppertal. Hier war der Leidensdruck inzwischen erheblich gestiegen. Man hatte bereits darüber nachgedacht, entlang der Wupper eine Hochbahn ähnlich wie in Hamburg zu errichten, doch deren massives Konstrukt hätte das Flusstal erheblich verändert. Die vielen Windungen der Wupper würden zudem die Hochbahntrasse zu engen Kurven zwingen, und diese ließen keine hohen Geschwindigkeiten zu. Da kam Langens Idee von der luftigen Stelzenbahn gerade recht. Es fiel ihm nicht schwer, die Stadtherren zu überzeugen.

Und so nahm man 1898 das Jahrhundertprojekt des Schwebebahnbaus in Angriff. Umfassende Berechnungen waren im Vorfeld erforderlich, denn so ein gewagtes Konstrukt hatte die Welt noch nicht gesehen. Die Bahn sollte hoch genug hängen, um den Straßenverkehr ungehindert unter ihr passieren zu lassen, dabei durfte sie auch in Kurven oder bei starkem Wind keinesfalls so sehr ins Pendeln geraten, dass sie abstürzen könnte. Sie benötigte auf der ganzen Streckenlänge eine durchgehende Versorgung mit Strom, und ihre Fundamente erforderten eine Stabilität, der die Hochwasser der Wupper nichts anhaben konnten. Die Trägerkonstruktion musste allen Kräften widerstehen, die beim Beschleunigen und Abbremsen oder bei Kurvenfahrten der Bahn entstehen würden, selbst wenn diese voll besetzt war. Im Ortsbereich von Sonnborn sollte die Trasse außerdem auf einem Teilstück über die Straße verlaufen. Hier fuhr aber bereits eine Straßenbahn, und der durfte die neue Schwebebahn nicht in die Quere kommen. Andererseits musste sie aber auch unter Eisenbahnbrücken hindurchpassen. Das alles war ganz schön knifflig.

Als man schließlich mit dem Bau beginnen konnte, erhielten gleich vier Großunternehmen einen Teilauftrag, weil es jetzt möglichst schnell gehen sollte. Fast zwanzigtausend Tonnen Stahl verbauten sie für die schrägstehenden Trägerstützen und die auf Brücken verlaufende Schienentrasse, überall an der Wupper wurde gehämmert, geschweißt und gelötet. Staunend beobachteten die Bewohner der Wupperstädte, was da vor sich ging. Konnte das gut gehen?

Zwei erste Streckenabschnitte wurden schon 1901 freigegeben, und 1903 war schließlich die Gesamtstrecke von 13,3 Kilometern Länge fertiggestellt. Schon im Jahr 1900 hatte Kaiser Wilhelm II. sich bei einer Probefahrt anlässlich eines Besuchs an der Wupper von der praktischen Funktionalität dieses Geniestreiches seiner tüchtigen Untertanen überzeugt.

Nun endlich war es so weit, am 1. März 1901 wurde die Schwebebahn offiziell eröffnet. Es gab einen Massenauflauf, von nah und fern kamen begeisterte Technikfans, um das Wunderwerk zu bestaunen. Zehntausend Menschen zahlten an jenem ersten Tag einen Groschen, um in den Genuss der Schwebebahnfahrt zu kommen. So manch einem davon mag es angst und bange geworden sein, als sich der Waggon quietschend und rüttelnd in Gang setzte. Dann vibrierte es spürbar in seinem Inneren, und metallisches Knarzen dröhnte in den Ohren, während die Fahrt schwankend über das rauschende Wupperwasser in der Tiefe dahinging. „Ein Weltwunder“, jubelte der Reporter der Frankfurter Zeitung, doch es gab auch kritische Stimmen. Viele Bürger der Wupperstädte mäkelten an der Gesamtkonstruktion herum, die ihnen keineswegs als atemberaubendes Wunder der Technik, sondern vielmehr atemberaubend hässlich erschien. Bedenkenträger fürchteten gar Gesundheitsschäden für die Fahrgäste, bedingt durch den ungewohnten Schwebezustand. Vor allem aber regten sich Würdenträger der Kirchen auf, die in der scheinbar allen Naturgesetzen trotzenden Bahn eine unerhörte Herausforderung Gottes sahen.

Doch unbeirrt von all dem ratterte die Schwebebahn über die Wupper dahin. Und plötzlich gelangte man binnen einer halben Stunde von Vohwinkel nach Oberbarmen, wo man zuvor noch mindestens anderthalb Stunden lang unterwegs gewesen war. Ein Meckerer nach dem anderen verstummte, und als sich wider Erwarten weder die Erde auftat, um das Satanswerk zu verschlingen, noch das Stahlgebilde zum Einsturz kam, stattdessen die Schwebebahn der Schwerkraft souverän trotzte, da machten auch die Kirchen schließlich ihren Frieden mit der neuen Technik. Und noch eine weitere Folge zog die Schwebebahn hinter sich her: Die Städte im Tal der Wupper wuchsen näher zusammen. Im August 1929 vereinigten sie sich schließlich ganz, und ein Jahr später wählten die Bürger einen Namen für ihre neue Stadt. Aus Elberfeld, Barmen, Ronsdorf, Cronenberg und Vohwinkel wurde Wuppertal.

Wie stolz wäre Eugen Langen gewesen, wenn er den Erfolg seiner Bahn noch miterlebt hätte! Doch der geniale Visionär erlebte nicht einmal mehr den Baubeginn. Die Gerüchteküche wusste zu berichten, er habe Selbstmord begangen, weil ihn schließlich doch der Mut verließ und er nicht mehr an die Sicherheit seiner Erfindung glaubte. In Wirklichkeit war der Technikfreak im Juni 1895 zur Einweihung des Nord-Ostsee-Kanals gereist. Dort hatte man ihm verdorbenen Fisch vorgesetzt, und von der daraus folgenden Vergiftung erholte Eugen Langen sich nicht mehr. Er starb im Oktober des gleichen Jahres.

Die Schwebebahn aber hat gehalten. Im Zweiten Weltkrieg wurde sie zwar schwer beschädigt, doch schon

1946 nahm sie ihren Rundbetrieb wieder auf. Es gab im Laufe der Jahrzehnte ein paar Zwischenfälle, aber nur einen wirklich ernsten Unfall, als 1999 eine nach Reparaturarbeiten am Schienenstrang vergessene Metallkralle zum Entgleisen der Bahn führte. Fünf Menschen starben, 47 weitere wurden verletzt. Trotz dieses tragischen Zwischenfalls weist ihre Unfallstatistik die betagte Schwebebahn insgesamt als ein sicheres Verkehrsmittel aus.

An dieser Sicherheit hat allerdings das berühmteste Unfallopfer der Schwebebahn ganz offensichtlich gezweifelt. Das Elefantenkind Tuffi vom Zirkus Althoff drehte durch, als es 1950 zu Werbezwecken in die Schwebebahn verfrachtet wurde und diese sich in Bewegung setzte. Das panische Tier durchbrach die Seitenwand und stürzte in die Wupper, kam aber mit einer Schramme davon. Durch dieses Glück im Unglück avancierte Tuffi zur Legende und natürlich auch zum begehrten Werbeträger.

Fast 20 Millionen Passagiere befördert die Schwebebahn jährlich, insgesamt sollen es schon über zwei Milliarden gewesen sein. Früher waren die Wagen bis auf den gelben Fensterbereich rot angestrichen, und immer zwei davon wurden hintereinandergespannt. Wie feueräugige Eisendrachen aus einer Geschichte von Michael Ende wanden sie sich ächzend und mit schrillem Quietschen durch die Lüfte über dem schwarzen Wasser der Wupper.

Erst in den Siebzigerjahren sind diese Züge der Baureihe 1900 durch eckige neue Triebwagen ersetzt worden, ganz im Sinne des Zeitgeists waren sie poppig orange-blau bemalt. Lediglich der feine „Kaiserwagen“, mit dem einst Kaiser Wilhelm II. seine Probefahrt antrat, blieb bis heute für Sonderfahrten im Dienst. Ab 2015 haben auch die Wagen aus den Siebzigerjahren ausgedient. Jetzt gibt es hochmoderne Züge mit zeitgemäßem Komfort, mit gepolsterten Sitzen, LED-Beleuchtung und zudem vollklimatisiert. Sie können mit bis zu 65 Stundenkilometern dahinrasen, aus Sicherheitsgründen sind allerdings nur 60 Sachen erlaubt. Ob all die moderne Technik über das wahre Alter der würdevollen Dame hinwegzutäuschen vermag?

Kirschsuppe

Zutaten für 4 Personen: *1 l Buttermilch, 600 g Kirschen, 3 Scheiben Schwarzbrot, 80 g brauner Zucker, 60 g Butter, 50 g Stärkemehl, 1 Vanilleschote, Salz*

Zubereitung: *Buttermilch, Zucker und eine Prise Salz in einen Topf geben. Die Vanilleschote auskratzen, das Mark sowie die Schote zur Buttermilch geben und diese aufkochen. Die Kirschen waschen, entkernen und in ganz wenig Wasser in einem anderen Topf 5 Minuten lang kochen. Dann das Kirsch-Kochwasser in einen Schüttelbecher geben, gut mit dem Stärkemehl vermischen und anschließend in die kochende Buttermilch einrühren. Kurz aufwallen lassen, dann vom Herd nehmen und die Vanilleschote entfernen.*

In einer Pfanne die Butter zerlassen, das Schwarzbrot fein zerbröseln und in der heißen Butter knusprig rösten. Die Buttermilch auf Tellern verteilen, dann die Kirschen und zuletzt das geröstete Schwarzbrot darüber verteilen und servieren.

Mobilität ist alles – Müngsten will hoch hinaus!

Gekrönte Häupter üben seit jeher eine große Faszination auf das Volk aus. Das hat sich mal wieder gezeigt, als die Queen 2015 Deutschland besuchte und tausende von Menschen Fähnchen schwingend die Straßen säumten. Wenn eine betagte Dame von der britischen Insel dazu imstande ist, solche Begeisterung auszulösen, wie mag die Euphorie da erst gewesen sein, als der deutsche Kaiser höchstpersönlich seinen Besuch ankündigte? So hatte es wohl ganz Wuppertal in einen Rauschzustand versetzt, als Kaiser Wilhelm II. im Jahr 1900 die Schwebebahn in Augenschein nahm.

Doch schon im Jahr zuvor gerieten die Honoratioren von Remscheid und Solingen in helle Aufregung, als der Kaiser sein Erscheinen für den 12. August 1899 in Aussicht stellte. Endlich! Sie waren nämlich ziemlich enttäuscht gewesen, als der Monarch zwei Jahre zuvor zur feierlichen Einweihung ihrer Brücke nur den Prinzen Leopold von Preußen als Stellvertreter ins Bergische geschickt hatte. Der Kaiser war verschnupft, denn die Brücke wurde zwar auf den Namen „Kaiser-Wilhelm-Brücke" getauft, aber keineswegs ihm zu Ehren. Nein, die Herren der Brücke meinten vielmehr seinen gleichnamigen Großvater, dessen Geburtstag sich 1897 zum hundertsten Mal jährte. Diesen Affront bestrafte der Kaiser, indem er der Eröffnungsfeier fernblieb und dringende Regierungsgeschäfte als Grund dafür vorschob. Doch eine zwei Jahre währende Bestrafungsfrist schien zu genügen. Außerdem musste der Kaiser sich insgeheim eingestehen, dass er neugierig war. Er wollte endlich mit eigenen Augen sehen, was die wackeren Bauherren da im umtriebigen Bergischen Land vollbracht hatten.

Es war eine Epoche der technischen Sensationen, allerorts schien sich die Ingenieurskunst zu überschlagen. Doch die Remscheider und Solinger waren fest davon überzeugt, dass ihnen ein ganz herausragender Coup gelungen war.

Sie hatten eine Bahnverbindung zwischen ihren beiden Städten geschaffen, obwohl das zuvor schier unmöglich erschien. Denn zwischen Solingen und Remscheid klaffte die tiefe Schlucht des Wupper-Tals. Deshalb hatte man bisher einen mehr als vierzig Kilometer langen Umweg in Kauf nehmen müssen, wenn man mit der Bahn von Solingen nach Remscheid reisen wollte, dabei trennten die beiden Städte nur acht Kilometer Luftlinie.

Den Abgrund an der Wupper hatten sie nun bei Müngsten mit einem eisernen Pfad überwunden. Kühn geschwungen überspannte eine Brücke aus kunstvollem Metallgeflecht in weitem Bogen das Tal, mit 465 Metern war sie länger, als der vielumjubelte Eiffelturm an Höhe maß, und mit 107 Metern höher als sämtliche anderen Eisenbahnbrücken. Und wirklich und wahrhaftig konnte dieses aus der Ferne so filigran wirkende Bauwerk einen ganzen schweren Dampfzug mit all seinen Waggons tragen! Das wollte der Kaiser sehen!

Aber ein bisschen auf die Folter spannen wollte er die Remscheider und Solinger doch. Schließlich hatten sie ihn ja auch gehörig geärgert. So sagte er seinen Besuch erst einmal wieder ab, um ihn dann kurzfristig doch wieder anzukündigen. Im Bergischen lagen die Nerven blank.

Hektisch wurde nun auf die Schnelle die Festaufstellung durchgeplant. Vereine, Schulen, Veteranengruppen, Eisenbahner und Musikkapellen bereiteten sich vor, um für den Kaiser Spalier zu stehen. Sie legten ihre allerfeinste Festtagskleidung an, platzierten fein säuberlich ihre Orden und Abzeichen an den Uniformen. Sämtliche Straßen wurden gesperrt, Wimpel und Fahnen schmückten ihren Rand. Wer das Glück hatte, am Fahrweg des Kaisers zu wohnen, der vermietete die Fenster in den höheren Etagen an Schaulustige, ganz so, wie es heute noch im Kölner Karneval üblich ist.

Dann endlich war es so weit. Der Sonderzug des Kaisers traf am Vormittag an der Brücke ein, und nach einem kurzen kaiserlichen Blick ins Tal ging es weiter nach Küppelstein. Hier verließ Wilhelm II. den Zug, und weiter ging es in offener Kutsche durch die bergische Landschaft. Stoisch betrachtete der Herrscher die Brücke und ließ sich dann nach Remscheid kutschieren. Die Stadt hatte sich aufs Feinste herausgeputzt, allgegenwärtige Blumen und Fahnen verwandelten sie in ein buntes Meer überbordender Pracht.

Auf dem von Zuschauertribünen gesäumten Marktplatz war eine riesige Büste des Kaisers aufgestellt worden. Doch keine Mienenregung verriet die Gefühle des hohen Herrn, wie etwa ein freundliches Wohlwollen angesichts der jubelnden Menge und der ihm dargebrachten Huldigungen. Mit ernstem Blick fuhr er an den winkenden Untertanen vorbei. Denn der offizielle Empfang fand an der erst wenige Jahre zuvor in Betrieb genommenen Eschbachtalsperre statt. Hier stand schon der Solinger Gesangsverein bereit, um den Kaiser mit dem „Bergischen Heimatlied" zu empfangen. Der Song war brandneu, erst wenige Jahre zuvor hatte der Solinger Rudolf Hartkopf die pathetischen Zeilen gedichtet, die der Bonner Musikdirektor Caspar Josef Brambach dann vertonte. Der Solinger Männergesangsverein hatte nämlich festgesellt, dass es gar keine bergische Hymne gab, ein unhaltbarer Zustand in einer Zeit, die Symbolik und Patriotismus über alles schätzte.

Nachdem der Gesang verklungen war, ließ sich der Kaiser auf der Staumauer dieser ersten Talsperre Deutschlands von ihrem Erbauer, Professor Otto Intze, deren Funktion und Bedeutung erläutern. Dann grüßte Wilhelm II. militärisch steif. Was er gesehen hatte, gefiel ihm. Er wollte Deutschland als Weltmacht sehen, und tatsächlich schien sein technologieversessenes Reich auf dem besten Wege dorthin zu sein. Zufrieden trat er die Rückreise nach Berlin an. Und nachdem die Anspannung endlich von ihnen abgefallen war, feierten die Solinger und Remscheider den großen Tag noch bis tief in die Nacht hinein ausgelassen bei Musik und Tanz.

Längst ist Deutschland kein Kaiserreich mehr. Doch die Brücke steht noch immer. Und nicht nur das, sie ist sogar noch immer die höchste Eisenbahnbrücke von Deutschland. An Kaiser Wilhelm II. erinnert nur noch die Gedenktafel neben der Brücke, die von seinem Besuch berichtet. Das Kaisertum ging durch den Ersten Weltkrieg über die Wupper, und damit auch der alte Name der Brücke. Sie ist nun nach Müngsten benannt, einer früheren Industrieansiedlung zu ihren Füßen. Hier gab es eine Sensenfabrik und ein Ausflugslokal, doch beide fielen dem Ausbau der Straße zwischen Solingen und Remscheid in den Sechzigerjahren des letzten Jahrhunderts zum Opfer.

Weil aber die Müngstener Brücke eine echte Sehenswürdigkeit ist, hat man 2006 unter ihr einen „Brückenpark“ eröffnet. Hier gibt es eine historische Metallschleiferei und eine Schmiede, eine Gaststätte sowie Uferwiesen zum Spielen und Picknicken. Zehn Meter lange Balkone ragen über die Wupper hinaus, Bodenplatten mit Rätseln und ein Minigolfplatz sorgen für Kurzweil. In einer Schwebefähre mit Draisinenantrieb kann man die Wupper überqueren und hinauf zum Diederichstempel klettern, einem Aussichtspavillon im neugotischen Stil, der besten Blick auf Wupper-Tal und Eisenbahnbrücke gewährt.

Nach all der Zeit ist die Brücke allmählich in die Jahre gekommen. Wegen mangelhafter Standsicherheit wurde sie 2010 für den Zugverkehr gesperrt. Ein lästiger Umstand für die Bahnreisenden, die jetzt in Busse umsteigen mussten. Nach langem Hin und Her wird die Brücke nun aufwendig instand gesetzt, und nach neuen Messungen dürfen Züge sie schon seit 2011 wieder befahren, vorausgesetzt, dass sie ein bestimmtes Gewicht und eine Höchstgeschwindigkeit nicht überschreiten.

Doch wer hätte gedacht, dass die Brücke überhaupt so lange halten würde? Ihr Architekt Anton von Rieppel, so heißt es, zweifelte an seinen Berechnungen und stürzte sich aus Angst vor einer Katastrophe noch vor der Fertigstellung von seiner Brücke hinab ins Tal. So weiß man noch heute in der Gegend um Solingen und Remscheid zu berichten. Doch genau wie die Mär vom vermeintlichen Selbstmord des Schwebebahnerfinders gehört diese Geschichte ins Reich der sensationsheischenden Räuberpistolen. Der Statiker und Maschinenbauer Anton von Rieppel, der auch den Bau der Wuppertaler Schwebebahn tatkräftig unterstützte, wurde 74 Jahre alt. Er überlebte die Einweihung seiner Jahrhundertbrücke um fast dreißig Jahre.

Bauernbrot mit Eierkäse

***Zutaten** für das Brot: 500 g Roggenmehl, 150 g Sauerteig, 1 El Salz, Mehl für das Backblech*
Für den Eierkäse: 8 Eier, 400 ml Milch, Zucker, Salz
***Zubereitung** des Brots: Den Sauerteig in eine Schüssel geben und mit 200 ml lauwarmem Wasser glattrühren. Dann 200 g des Roggenmehls hinzugeben und gut vermischen. Mit einem Geschirrtuch abdecken und über Nacht an einem warmen Ort stehenlassen. Am nächsten Tag das restliche Mehl und das Salz einarbeiten und kräftig durchkneten. Bei Bedarf noch so viel lauwarmes Wasser hinzugeben, bis der Teig geschmeidig ist. Erneut abdecken und 3 Stunden lang gehen lassen. Nach Ablauf der Zeit den Teig für 10 Minuten kräftig durchkneten. Danach einen Laib daraus formen, auf ein eingemehltes Backblech legen und an der Oberseite kreuzförmig einschneiden. Erneut abdecken und 2 Stunden lang stehenlassen. Dann den Backofen auf 200°C vorheizen und das Brot ca. 1 ¼ Stunde lang darin backen. Es ist fertig, wenn an einem hineingestochenen Holzstäbchen kein Teig mehr klebenbleibt. Auf einem Rost abkühlen lassen.*
Für den Eierkäse die Eier mit der Milch, einer Prise Zucker und einer Prise Salz in einer Schüssel kräftig miteinander verquirlen. In einem ausreichend großen Topf Wasser zum Kochen bringen und die Schüssel dann hineinstellen. So lange im Wasserbad erhitzen, bis die Eier-Milch-Masse fest geworden ist. Dann durch ein Haarsieb abtropfen und an einem kühlen Ort vollständig erkalten lassen.
Anschließend schneidet man den Eierkäse in etwa 2 cm dicke Scheiben und legt ihn als Belag auf die mit Butter bestrichenen Scheiben des Bauernbrots. Nach Geschmack kann man den Eierkäse mit Zucker und Zimt bestreuen, wer es herzhaft mag wählt Pfeffer und Salz und streut noch ein paar Schnittlauchröllchen darüber.

Alte und neue Berge – eine Geschichte von Rittern, Mönchen und Burgen

Vor langer Zeit, es ist tatsächlich schon viele Jahrhunderte her, da hatten drei Brüder das Erbe derer von Berg angetreten. Sie waren fromme und gottesfürchtige Männer.

Eberhard, der Älteste, verzichtete deshalb sogar auf seine Herrschaftsansprüche als Erstgeborener und trat aus freien Stücken in ein Kloster ein. Jedoch hatte er sich keineswegs einfach irgendeines ausgesucht. Nein, er schloss sich der gerade gegründeten Zisterzienserabtei Morimond im französischen Burgund an. Dass die Klosterbrüder von Morimond sich der reinen Lehre und der völligen Hingabe an Gott verschrieben, verriet schon der Name, denn „mori mundi" ist Lateinisch und bedeutet so viel wie „entsage der Welt". In dieser von Idealismus geprägten Gemeinschaft suchte Eberhard nun seinen Weg zur spirituellen Einheit mit Gott.

Auch Bruno, der Jüngste der drei, hatte sich für eine kirchliche Laufbahn entschieden. Doch die stille Zurückgezogenheit eines Klosters lag ihm fern, er strebte nach einflussreicheren Posten, wo er sich im Licht der Öffentlichkeit sonnen konnte. Deshalb wurde er zunächst Propst von Koblenz und avancierte schließlich zum Erzbischof von Köln.

Adolf schließlich, der dritte der Brüder, hatte sozusagen gezwungenermaßen die Grafschaft derer von Berg übernommen. Schließlich musste ja einer der Brüder die Familiendynastie fortsetzen. Adolf war insgeheim nicht unglücklich mit seinem Los, denn im Grunde genoss er die Machtfülle seiner Position. Ihm gebührte nun auch der Familienstammsitz, Burg Berge auf einem Hügel über der Dhünn. Doch die Wohnstätte war in die Jahre gekommen, ihre Räumlichkeiten entsprachen schon lange nicht mehr den zeitgemäßen Ansprüchen. Außerdem bestand ein erheblicher Renovierungsstau. Überall bröckelte das Gemäuer, barst der gestampfte Fußboden, pfiff der kalte Wind durch die Lichtöffnungen und Kaminschächte. Ja, schlimmer noch, einen Teil der Burg musste Adolf sogar abreißen lassen, weil akute Einsturzgefahr bestand. Das Gemäuer war zudem schon mindestens fünfzig Jahre alt, manche hölzernen Bauten sogar noch älter. Kein Zweifel, für einen mächtigen Herren von Berg war diese marode Unterkunft überhaupt nicht mehr angemessen. Und so überlegte sich Adolf, dass es wohl vernünftig sei, sich nach einem geeigneten Platz für eine neue Burganlage umzusehen.

Da geschah es eines Tages, dass Bruder Eberhard zwölf Mönche aus dem fernen Frankreich zu Adolf auf Burg Berge schickte. Die frommen Brüder von Morimond hatten nämlich den Plan gefasst, Delegationen in alle Welt zu senden, auf dass sie neue Klöster gründen und die reine Lehre aus Morimond überall verbreiten sollten. Adolf war hocherfreut, denn das Ansinnen der Gottesmänner brachte ihn auf eine Idee. War das nicht eine günstige Gelegenheit?

Nun konnte er überall zeigen, dass auch er fromm und vor allem mildtätig war. Und zugleich ließ sich damit sein Bauvorhaben aufs Vortrefflichste begründen!

Natürlich stimmte er sich kurz mit Bruno und Eberhard ab, denn er hätte schwerlich allein über den Familienstammsitz verfügen können. Doch beide waren ergebene Diener der Kirche und freuten sich deshalb über Adolfs Vorschlag. So wurden sie sich schnell einig und schenkten den Mönchen aus Morimond großzügig die Burg Berge, auf dass die Ordensbrüder dort ein Kloster einrichten sollten.

Eine passende Stelle für seine neue Wohnstätte hatte sich der schlaue Adolf längst ausgeguckt. Es war eine hundert Meter über der Wupper emporragende Anhöhe, gut zu verteidigen, mit prachtvollem Blick über das Tal und zudem umgeben von Wäldern, die ihm als vielversprechender Jagdgrund erschienen. Auch die Pläne für seine repräsentative Burg hatte Adolf längst ausarbeiten lassen. Unverzüglich erteilte er jetzt den Baubefehl. Es war das Jahr 1133.

Die Mönche aus Frankreich bezogen derweil Burg Berge auf dem Bülsberg über der Dhünn. Doch auch sie waren von dem heruntergekommenen Gemäuer nicht gerade begeistert. Sie rissen die am meisten verfallenen Gebäudeteile ab und mörtelten und spachtelten an den anderen herum. Doch es war eine Sisyphusarbeit. Wie sollte daraus jemals ein anständiges Zisterzienserkloster werden? Außerdem verbot ihnen ihre Lehre, das Fleisch vierbeiniger Tiere zu essen. Doch wovon sonst sollten sie sich ernähren, hier in den dichten Wäldern, die ihre Burg umgaben? Da zogen sie kurzerhand um und siedelten sich unten im Tal an. Das Land am Ufer der Dhünn gehörte ebenfalls zum Besitz der Burg Berge, und hier gab es genug Platz für Felder und Fischteiche.

Fleißig legten sich die Mönche ins Zeug. Erzbischof Bruno aus Köln hatte sie sogar noch mit weiteren Ländereien beschenkt, die bis ans linke Rheinufer reichten. Das war der Grundstein für eine mächtige Abtei. Die Klosterbrüder bauten Mühlen und Wirtschaftshöfe, und schon 1145 konnten sie eine dreischiffige Basilika als Klosterkirche weihen.

Zu dieser Zeit war auch Adolfs neue Burg längst fertiggestellt. Er war sehr zufrieden damit. Denn außer Komfort und schöner Lage bot sie noch einen weiteren Vorzug, und dieser war vielleicht der wichtigste. Von seiner neuen Burg aus konnte Adolf die bedeutende Handelsstraße der Hanse kontrollieren, die von Köln nach Dortmund führte. Gleichzeitig ließen sich die Silberminen des Bergischen Landes gut überwachen. Adolfs Macht war enorm gewachsen, er ließ Münzen schlagen und hatte es inzwischen auch zum Vogt der Abtei von Siegburg gebracht.

Doch es war eine unstete Zeit. Der Papst hatte zum Zweiten Kreuzzug aufgerufen, denn der Kampfeswille der Muslime im Nahen Osten war neu entfacht. Sie griffen die orientalischen Kreuzfahrerherrschaften an, um die Christen von dort zu vertreiben, und das konnte schwerlich hingenommen werden. Dem päpstlichen Befehl Folge zu leisten war die Pflicht der Ritterschaft, und so zog auch Adolf von Berg 1147 mit den Kreuzrittern ins Morgenland. Der Kreuzzug endete im Fiasko, Adolfs geliebter Sohn fiel vor Damaskus. Als gebrochener Mann kehrte der Graf in die Heimat zurück. Traurig und deprimiert mochte er nun nicht mehr in seine Burg an der Wupper einziehen. Zu viele Erinnerungen barg das vertraute Gemäuer. Deshalb ging Adolf auf Burg Altena, die er viele Jahre zuvor zusammen mit seinem Bruder Eberhard auf einem Berg im Sauerland errichtet hatte, den der Kaiser den beiden Brüdern einst geschenkt hatte.

Doch auch dort fand Adolf keinen Frieden, und so trat er schließlich in das von ihm gestiftete Zisterzienserkloster an der Dhünn ein, fest entschlossen, von nun an nur noch Gott zu dienen. Die einst hier ausgebrachte Saat war inzwischen üppig aufgegangen. Der Reichtum der Abtei hatte sich im Lauf der Jahre fantastisch gemehrt, denn die Ländereien brachten gute Ernte ein. Aber auch die fromme Lehre trug Früchte, denn das Kloster erhielt regen Zulauf von wohlsituierten Novizen, die den Klosterschatz dank ihrer Mitgiften beständig mehrten.

Im Laufe der Jahre hatten die Zisterzienser ihrer Abtei verschiedene Namen gegeben, aber schließlich bürgerte sich eine Bezeichnung ein, die an den einstigen Sitz der Grafen von Berg erinnerte. Adolfs Nachfolger wohnten jetzt in dessen Burg über der Wupper und bezeichneten diese als „Neuenberg“, also nannte man das Kloster an der Dhünn schlicht „Altenberg“.

Als mächtiges religiöses Zentrum im Bergischen Land bedurfte es allerdings eines repräsentativen Gotteshauses. Die alte Basilika erschien den Mönchen für diesen Zweck schon bald als zu schlicht. Und als die Kölner mit dem Bau eines prachtvollen Doms begannen, da taten es ihnen die Altenberger Mönche einfach nach. Sie ließen sogar das gleiche Baumaterial ins Bergische schaffen: Trachyt-Gestein vom Drachenfels im Siebengebirge. Denn obgleich ihre Ordensregeln ihnen eine gewisse Schlichtheit auferlegten und ihr Gotteshaus keine Bischofskathedrale war, wollten die Zisterzienser nichtsdestotrotz ihre kirchliche Macht im Bergischen auch öffentlich zur Schau stellen. So entstand im 13. Jahrhundert der „Bergische Dom“ von Altenberg.

Adolfs Nachfolger aus dem Geschlecht derer von Berg wussten den Wert von Burg Neuenberg über der Wupper wohl zu schätzen. Sie machten sie zur gräflichen Hauptresidenz und ließen sie jahrhundertelang beständig vergrößern und verschönern. Als sie ihren Stammsitz schließlich im 15. Jahrhundert in die neue Stadt Düsseldorf am Rhein verlegten, degradierten sie Neuenberg zum Jagdschloss und nannten es fortan „Schloss Burg“.

Doch auf die Dauer ist es recht lästig und vor allem auch kostspielig, eine solch bombastische Anlage als reines

Jagdschloss zu erhalten. Im Dreißigjährigen Krieg wurde Schloss Burg beschädigt und danach größtenteils zerstört. Zwar versuchte man einen teilweisen Wiederaufbau, doch auch die Herrschaft derer von Berg war zu dieser Zeit längst im Verfall begriffen. Da drückten ganz andere Sorgen als die alte Burgruine über der Wupper.

Schließlich zog eine schnöde Wolldeckenfabrik in das verfallene Gemäuer ein, und als dann in Elberfeld ein Landgerichtsgebäude erbaut wurde, riss man der verkommenen Burg ihr letztes Dach von den Mauern und verarbeitete das Material für den Neubau in Elberfeld.

Das wäre das endgültige Aus für Schloss Burg gewesen, wenn nicht im allgemeinen Boom zur Zeit der vorletzten Jahrhundertwende ein Barmer Architekt auf den Plan getreten wäre. Er gründete einen Verein und machte sich den damals herrschenden großen Enthusiasmus zunutze. Denn gerade erst war Deutschland als Nation aus der Taufe gehoben worden, überall lechzte man nach Monumenten, um die zerbrechliche neue Einheit der vielen Fürstentümer aus den Quellen einer gemeinsamen Geschichte zu nähren. Was konnte da symbolträchtiger sein als eine wahrhaftige Ritterburg?

So entstand eine neue Burg über der Wupper, teils anhand historischer Pläne, teils nach dem Muster rheinischer Burganlagen aus dem 16. Jahrhundert. Nach einer Bauzeit von 25 Jahren war Schloss Burg schließlich 1914 in neuer Pracht wiederauferstanden. Es ist eine der größten wiederhergestellten Schlossanlagen in Deutschland und die größte von Nordrhein-Westfalen.

Heute beherbergt Schloss Burg ein Museum, das Exponate aus Geschichte und Kultur des Mittelalters und des Bergischen Landes zeigt. Außerdem ist es Schauplatz zahlreicher Veranstaltungen, von Ritterfesten über Konzerte und Theateraufführungen bis hin zu Basaren und Märkten. Man kann auf Schloss Burg heiraten, den Kindergeburtstag feiern oder einfach nur hindurchgehen und sich in eine andere Epoche versetzt fühlen. Und mehr noch: Man kann mit der ersten Personenseilbahn Nordrhein-Westfalens von Unterburg aus hinaufschweben, einer technischen Rarität aus dem Jahr 1952.

Mit der Ära der Herren von Berg ging auch die Glanzzeit der Abtei Altenberg vorüber. 1803 wurde das Kloster durch herrschaftliches Dekret säkularisiert, die Mönche erhielten eine Pension und durften gehen. Die Gebäude der Abtei wurden an einen Kölner Weinhändler verkauft, der sie dann an zwei Chemiker verpachtete. Deren Experimente waren explosiv, deshalb ging die Abtei schon bald darauf in Flammen auf und wurde vollständig vernichtet. Der Altenberger Dom verlor bei der Brandkatastrophe sein Dach. Zurück blieben Ruinen, die schließlich als Steinbruch genutzt wurden.

Doch dann erbarmte sich der preußische König der alten gotischen Abteikirche. Er ließ sie wieder aufbauen, stellte aber die Bedingung, dass der Altenberger Dom fortan als Simultankirche sowohl für katholischen als auch für evangelischen Gottesdienst genutzt werden solle. In den Zwanziger- und Dreißigerjahren des letzten Jahrhunderts wurden schließlich auch wieder Gebäude im Stil der alten Abtei danebengebaut. Sie dienen der Jugendbildungsstätte des Erzbistums Köln.

Nur ein paar hundert Meter entfernt davon wuchert üppiges Grün über ein paar verfallene Reste von Bruchsteinmauern, tief im Wald verborgen am Hang des Bülsbergs über der Dhünn. Die Natur hat das Gemäuer zurückerobert, denn die Menschen haben es längst vergessen. Graf Adolf hat es einst verlassen, als er in seine prächtige Burg hoch über der Wupper umsiedelte. Und niemand ist seither gekommen, um die alte Burg Berge wieder aufzubauen.

Burger Brezeln

Zutaten: *500 g Mehl, 250 ml Milch, 80 g Butter (zimmerwarm), 100 g Zucker, 1 Würfel Hefe, Salz, Hagelzucker nach Belieben*
Zubereitung: *Die Milch lauwarm erhitzen und in eine Schüssel gießen. Den Zucker einrühren und die Hefe hineinbröckeln. 10 Minuten lang stehenlassen, dann das Mehl, die Butter und eine Prise Salz hinzugeben und alles gut miteinander verkneten, bis ein geschmeidiger Teig entstanden ist. Mit einem Geschirrtuch abdecken und 30 Minuten lang an einem warmen Ort gehen lassen. Anschließend noch einmal kräftig durchkneten.*

Nun den Teig in 10 Teile aufteilen und jeweils zu einer Kugel formen. Jede Kugel zu einer Wurst rollen, deren Mittelteil etwas dicker ist und deren Enden sich jeweils verjüngen. Die Würste dann oval zusammenlegen, sodass nur noch die dünnen Enden überstehen. Diese Enden werden nun mehrfach miteinander verschlungen, zur oberen Mitte des Ovals gelegt und dort gut angedrückt, sodass eine Brezelform entsteht. Die Brezeln auf mit Backpapier ausgelegte Backbleche legen und 10 Minuten lang ruhen lassen. Danach mit kaltem Wasser einpinseln und nach Belieben mit Hagelzucker bestreuen.
Den Backofen auf 200°C vorheizen und die Brezeln etwa 15 Minuten lang backen, bis sie appetitlich gebräunt sind.

Diese Spezialität kommt aus Burg an der Wupper und ist seit mehr als 200 Jahren bekannt. Es heißt, dass ein französischer Soldat das Rezept einst einer Burger Bäckerfamilie verriet, als Dank für die Pflege, die sie ihm nach einer Verwundung hatten angedeihen lassen. Typischerweise trägt man die Brezel an einem Bändchen um den Hals. Sie gilt als Glücksbringer und wird deshalb auch gerne zu besonderen Anlässen verschenkt.
Zum Verzehr dippt man sie meist in Kaffee oder Kakao, denn die Brezel ist ein bisschen trocken. In Burg an der Wupper nennt man diesen Verzehrmethode „Zoppen“, hier ist die Brezel ein unverzichtbarer Bestandteil der Bergischen Kaffeetafel. Man kann sie auch mit Butter und Marmelade, süßem Kraut oder Honig bestreichen.
Seit 2011 kümmert sich ein Arbeitskreis bergischer Bäcker um den Erhalt der Burger Brezel. Sie haben inzwischen eine Vielzahl kreativer Rezepte rund um die Brezel entwickelt, die man im Internet unter burgerbrezel.de findet.

Berge, Sand und Meer – die Geologie des Bergischen Landes

Vielleicht ist es Ihnen im letzten Kapitel aufgefallen: Zur Zeit des Grafen Adolf von Berg hat man im Bergischen Land Silber gefunden, und zwar so viel, dass es sich sogar lohnte, Münzen daraus zu schlagen.

Tatsächlich gruben schon die alten Germanen an den Ausläufern der Nutscheid nach Silber. Dieser Höhenzug bei Waldbröl stellt die Wasserscheide zwischen Sieg und Bröl dar und präsentiert sich heute als das größte zusammenhängende Waldgebiet des Bergischen Landes. Schon seit Menschengedenken führt ein Pfad auf dem Kamm des Höhenrückens entlang. Über diese Nutscheidstraße haben die Kelten einst Eisenerz aus dem Siegerland ins Rheintal transportiert, und nach ihnen machten sich die Römer den alten Weg zunutze. Im Mittelalter geriet die wegen der antiken Eroberer auch als „Römerstraße" bezeichnete Route zur wichtigsten Fernverbindung im Süden des Bergischen Landes. Entlang des unbefestigten Weges fand man Erze, die gleich vor Ort zu Eisen, Blei und Kupfer verhüttet wurden. Doch es gab hier auch Silber. Zwischen den Ortschaften Öttershagen und Kohlberg lag eine Silbermine, die so reiche Ausbeute brachte, dass die Waldbröler Eisenhütte zur Silberschmelze umgerüstet wurde. Heute befindet sich das Besucherbergwerk Grube

Silberhardt an den Ausläufern der Nutscheid zwischen Windeck, Waldbröl und Morsbach.

Doch auch in anderen Gegenden des Bergischen Landes schlugen die Menschen Silber. Darauf deuten alte Bezeichnungen hin, so die „Silberkuhle“, ein Hügel bei Eckenhagen, oder die kleine Ortschaft „Silberkaule“ bei Bergisch Gladbach.

Überall zeugen alte Stollen und Steinbrüche von der langen Geschichte des Bergbaus im Bergischen. Mancherorts wird die alte Tradition am Leben erhalten, so im Bensberger Museum für Bergbau, wo es unter anderem ein Schaubergwerk gibt. Dass es reichliche Vorkommen von Eisenerz gab, haben wir bereits gehört. Sie waren ja das Fundament für die bergische Kleineisenindustrie. Bei Wuppertal konnte unter Tage sogar Braunkohle abgebaut werden, doch der ergiebigste Bodenschatz des Bergischen Landes ist sein Sandstein. Wie allgegenwärtig und widerspenstig dieser ist, demonstriert er mir immer wieder aufs Neue, wenn ich auch nur ein kleines Löchlein in meinem heimischen Garten ausheben möchte.

Da könnte man meinen, das Bergische Land sei ein Eldorado für Hobbygeologen. Doch tatsächlich ist es gar nicht so einfach, hier Mineralien zu entdecken. Wesentlich leichter findet man Fossilien, allerdings ist das Sammeln leider vielerorts verboten. Weit über die Grenzen des Bergischen Landes bekannt ist in Geologenkreisen die Paffrather Mulde bei Bergisch Gladbach. In ihrem Kalksandstein hat man zahlreiche versteinerte Lebewesen entdeckt, von Panzerfischen über Krebse bis hin zu den allgegenwärtigen Ammoniten. Die wertvollen Stücke, die hier in der Vergangenheit gesammelt wurden, werden heute im Keller der herrschaftlichen Villa Zanders in Bergisch Gladbach aufbewahrt. Das ehemalige Wohnhaus der Unternehmerfamilie Zanders, die ihr Vermögen der Papierherstellung verdankte, ist heute ein Museum. Und die schönsten Stücke aus der Paffrather Mulde zieren das Gladbacher Bürgerhaus Bergischer Löwe.

Alle im Bergischen gefundenen Fossilien sind die Reste von früheren Meeresbewohnern. Doch wie kamen diese einst ins Bergische Land, dessen Hügel, wie wir bereits wissen, die Reste eines mächtigen Faltengebirges sind? Waren sie zu Lebzeiten etwa fliegende Fische?

Das alte Gebirge begann sich vor rund dreihundert Millionen Jahren aufzutürmen, zu einer Zeit, als unser Planet noch von ganz anderer Gestalt gewesen ist. Zwei große Kontinente bestimmten sein Aussehen, Gondwana und Euramerika. Euramerika lag im Norden und war aus zwei kleineren Kontinenten entstanden, die bei ihrer Kollision ein gewaltiges Hochgebirge aufgefaltet hatten.

Vom südlich gelegenen Gondwana wurde dieses Euramerika durch den Rheinischen Ozean getrennt. In jenem Erdzeitalter, Devon genannt, eroberte das Leben allmählich das Land. Doch seine größte Pracht entfaltete es damals noch ausschließlich im Wasser. Hier gab es

Muscheln und Korallen, Tintenfische, Quallen und Ammoniten. Außerdem entwickelten sich die ersten Knochenfische. Bizarr aussehende Flossentiere, Haie, Rochen und Lungenfische durchzogen das urzeitliche Meer.

Der gewaltige Kontinent Gondwana, der sich vom Südpol bis zum Äquator erstreckte, driftete langsam nach Norden. Hier traf er schließlich auf Avalonia am Südrand von Euramerika, das zur damaligen Zeit noch vom flachen, tropisch warmen Schelfmeer des Rheinischen Ozeans bedeckt war. Am Boden dieses Meeres lagerten sich Sedimente aus Sand und Ton ab, die aus dem Hochgebirge Euramerikas herangespült wurden. An diesem Hochgebirge arbeitete nämlich die Erosion mit aller Kraft und schaffte den Verwitterungsschutt über mächtige Flüsse nach Süden in den Rheinischen Ozean. In dessen Wasser lebten in jener Zeit riesige Kolonien von Korallen und Schwämmen mit kalkhaltigen Skeletten, die den Meeresboden mit Riffen aus Kalk bedeckten.

Gegen Ende des Devon-Zeitalters hatten sich Euramerika und Gondwana einander soweit angenähert, dass der Boden Avalonias angehoben wurde. Dadurch trocknete der Rheinische Ozean aus und verlandete. Doch damit nicht genug. Gondwana bremste nicht einfach ab, sondern drückte weiter gegen Euramerika, das seinerseits erbitterten Widerstand leistete. Fast war es, als wollten die beiden herausfinden, wer der Stärkere von ihnen sei. Durch diesen Kampf der Kontinente wurden die Erdmassen

Avalonias immer weiter in die Höhe gedrückt. So entstanden die nordamerikanischen Appalachen und alle deutschen Mittelgebirge, nicht nur Schwarzwald, Erzgebirge, Odenwald und Harz, sondern auch das mächtige Massiv des Rheinischen Schiefergebirges. Im Boden lagen die Sedimente des früheren Rheinischen Ozeans, und diese wurden nun mit aller Gewalt gefaltet, geschoben und zusammengepresst.

Das Rheinische Schiefergebirge erstreckt sich von der Eifel, wo die kolossalen Kräfte die Erdkruste aufreißen ließen und zu Vulkanismus führten, über Venn, Hunsrück und Taunus bis hin zu Westerwald und Sauerland. Und in seinem Nordwesten liegt das Bergische Land.

„Rheinisches Schiefergebirge", das klingt, als gäbe es hier vornehmlich Schiefergestein. Doch vielmehr dominieren unter der Erdoberfläche Sandstein und Quarzit. Den als Baumaterial beliebten Schiefer findet man hingegen nur vereinzelt. Aber all diese Gesteine zeugen vom Ursprung des bergischen Untergrundes in jenem tropischen Flachmeer der Urzeit, das man heute als Rheinischen Ozean bezeichnet.

Der Sandstein ist ein Ablagerungsgestein, bei dem die Sedimente durch Druck, Temperaturen und Zeit wie Zement miteinander verkittet worden sind. Im Bergischen Land ist der dominierende Sandstein die Grauwacke, sie ist meist dunkel und ziemlich fest. Grauwacke besteht aus Feldspat und Quarz, dazu mengen sich Calcit, Glimmer,

Chlorit und ein paar andere Mineralien. Außerdem findet man in ihr die fossilen Überreste der Bewohner des prähistorischen Ozeans.

Grauwacke ist ein gutes Baumaterial und eignet sich für Mauern, Pflaster oder als Schotter für Eisenbahntrassen. Eins der wichtigsten Zentren ihrer Gewinnung ist schon seit über tausend Jahren die Gegend um Lindlar. Jeder, der sich so glücklich schätzen durfte, hier ein Stückchen Hügelland zu besitzen, buddelte sich hinein, um Grauwacke herauszuholen. So entstanden unzählige Steinkuhlen. Vom Steinbruchgebiet am Brungerst bauten man später eine Eisenbahnstrecke direkt nach Köln, um die geschätzte Lindlarer Grauwacke bequem abtransportieren zu können. Heute kann man auf dem fünf Kilometer langen Steinhauerpfad in Lindlar den historischen Spuren folgen.

Steigen Druck und Temperaturen bei den tektonischen Vorgängen im Inneren der Gesteinsmassive an, so verändert sich deren Struktur. Zunächst verfestigt sich der Sandstein zu Schiefer. Seine Bestandteile werden während dieses Vorgangs weiter gestaucht, und parallel zum Druck verschmelzen sie zu einzelnen Schichten. So entsteht das typisch schiefrige, leicht spaltbare Gefüge. Je länger der Druck anhält, desto mehr verändert sich diese Struktur wieder. Dabei werden enthaltene Fossilien allmählich verformt, und Mineralien beginnen sich herauszukristallisieren. Hält der Druck immer weiter an, wird es dabei beständig heißer. Jetzt bildet sich durch Metamorphose aus dem ehemaligen Sandstein ein harter Quarzit. Mineralien wie Eisen, Pyrit oder Silber werden dabei konzentriert. Auch alle organischen Überreste verwandelt dieser Vorgang, weshalb man im Quarzit keine Fossilien findet.

Der Quarzit ist ausgesprochen widerstandsfähig. Mitunter hat die Kraft der Erdkruste punktuell solche Brocken in ihrem Inneren entstehen lassen, während drum herum der Druck geringer blieb. Dann liegt der Quarzitfelsbrocken in einem Bett aus Sandstein. Der Sandstein ist jedoch wesentlich weicher und hat den Kräften der Erosion weit weniger entgegenzusetzen als der harte Quarzit. Deshalb verschwindet der Sandstein weit schneller, und der Quarzitbrocken ragt schließlich aus dem Untergrund hervor.

Das hat eine ganz einfache und logische Begründung, doch lange Zeit verstanden die Menschen diesen geomorphologischen Vorgang nicht. Deshalb suchten sie nach Erklärungen für das Naturphänomen der markanten Dicken Steine von Nümbrecht, die hier ganz unvermittelt im dichten Wald zu Füßen von Schloss Homburg vor dem Wanderer auftauchen. Manche Leute sagten, es seien Findlinge, die Gletscher der Eiszeit herbeigeschafft hätten. Andere glaubten an gewaltige Meteoriten und fürchteten die Wiederholung eines solch infernalischen himmlischen Bombardements. Dabei brauchte es zur Entstehung der Dicken Steine nur ein Meer, zwei Kontinentalplatten, Wetter und vor allem sehr, sehr viel Zeit.

Gedämmte mit Feldsalat

Zutaten für 4 Personen: *800 g mehlig kochende Kartoffeln, 400 g Feldsalat, 200 ml Sahne, 1 Zwiebel, 1 Schalotte, Saft von ½ Zitrone, 60 g Margarine, 20 g Zucker, Salz, Pfeffer*

Zubereitung: *Die Kartoffeln schälen und in nicht zu dünne Scheiben schneiden. Die Zwiebel schälen und würfeln.*

Die Margarine in einen dickwandigen Topf geben und erhitzen. Sobald sie zerlaufen ist, die Hitze reduzieren und die Kartoffelscheiben im Topf aufeinanderschichten. Die Zwiebelwürfel zuoberst darauf verteilen und anschließend kräftig salzen und pfeffern. Nun 150 ml Wasser darüber gießen und den Topf mit dem Deckel verschließen. Die Gedämmten schmoren bei schwacher Hitze so lange, bis sie beginnen, angebrannt zu riechen. Am Ende darf kein Wasser mehr im Topf sein und die Kartoffeln müssen gar sein. Dann rührt man kurz durch. Das Angebrannte unten im Topf heißt „Scher“, es ist die besondere Delikatesse, wird sorgfältig vom Topfboden gekratzt und gerecht verteilt.

Während die Gedämmten noch schmoren, den Feldsalat waschen, putzen und trockenschleudern. Die Schalotte schälen und fein hacken. Die Sahne in eine Salatschüssel geben und unter Rühren den Zitronensaft und den Zucker hinzugeben. Mit Salz und Pfeffer abschmecken, dann die Schalotten und zuletzt den Feldsalat unterheben.

Zusammen mit den Gedämmten servieren.

Die Italiener und der Knochenmann – Sensationsfund an der Düssel

„*Porca miseria!*", fluchte Luigi und wischte sich den Schweiß von der Stirn. Es war ein heißer Tag im August, und die Arbeit war hart. Ja, um genau zu sein, sogar eine fürchterliche Schufterei. Luigi war zusammen mit ein paar anderen aus seiner süditalienischen Heimat ins Niederbergische Land gekommen. Zu Hause gab es nichts zu verdienen, doch bei den Deutschen sah das ganz anders aus. Im Bergischen Land entstanden überall neue Fabriken. Die Deutschen hatten hier sogar so viel Arbeit zu vergeben, dass sie alleine nicht damit fertig wurden. Deshalb stellten sie Gastarbeiter ein. Doch natürlich gaben sie diesen die mühsamen und unangenehmen Aufgaben, die sie selbst nicht so gerne erledigen wollten.

Luigi und seine Freunde arbeiteten für ein Steinbruchunternehmen. Sie mussten Kalkstein aus Felswänden herausschlagen, der zu einem neuen Eisenhüttenwerk gebracht wurde. Dort wurden die Hochöfen damit ausgekleidet. Der Kalksteinbruch lag in einem kleinen, verwunschenen Tal. Die Südländer waren fasziniert von der Schönheit dieser abgelegenen Schlucht gewesen. Das Wasser eines Flüssleins mit dem für sie unaussprechlichen Namen „Düssel" hatte sich tief in den Kalkstein gefräst und so im Lauf der Jahrtausende einen kleinen Canyon erschaffen. Senkrecht stürmten die zerklüfteten Felsen gen

Himmel, während der wilde Fluss über Steine und Geröll dahinstürzte, umgeben von einem wahren Dschungel aus Sträuchern, Kräutern und Bäumen. Das Grün war von einer solch überbordenden Üppigkeit, wie man sie in Luigis von der Hitze ausgedörrten Heimat überhaupt nicht kannte. „Gesteins“ nannten die Einheimischen diese malerische Schlucht, doch sie schienen wohl blind für deren Schönheit zu sein. Denn Luigi und seine Kollegen mussten Stück für Stück den hellen Stein aus ihr herausbrechen und sie damit unwiederbringlich zerstören.

Aber Arbeit war Arbeit, und die Deutschen wussten schon, was sie taten. Das bewies ja ihr überall deutlich sichtbarer Erfolg. Es lag nicht an Luigi, ihre Entscheidungen in Frage zu stellen. Und deshalb tat er, wie ihm aufgetragen war.

Gerade heute hatten die Steinhauer bei ihrer Arbeit eine Höhle freigelegt, und diese hatte der Fluss beim letzten Hochwasser mit Tonschlamm angefüllt. Weil der Stein weiter aus dem Fels gebrochen werden sollte, musste der Tonschlamm aus der Grotte weggeschafft werden, denn er hätte sonst die Reinheit des Kalks beeinträchtigt.

Und als wenn die Maloche nicht schon schlimm genug gewesen wäre, hatte Luigi jetzt auch noch unter dem Tonmatsch am Boden der Höhle ein paar Knochen entdeckt. Sie waren ganz schön groß, bestimmt hatten sie einem Bären gehört. Ob es hier immer noch Bären gab? Luigi blickte in einer kurzen Aufwallung von Furcht über seine Schulter. Aber dort stand nur Giovanni, sein Kumpel. „*Che cos'è?* – Was ist das?", fragte dieser. „*Osso* – Knochen", antwortete Luigi. „*Un orso* – ein Bär!" Ärgerlich griff er die Knochen und warf sie mit Schwung in die Schlucht hinab. Nachdenklich blickte Giovanni ihnen hinterher. Hatte sein Freund recht gehabt? In Giovanni regten sich Zweifel. Ihm waren die langen Knochen wie menschliche Gebeine erschienen. Kopfschüttelnd begab er sich wieder an die Arbeit, doch der Gedanke an die Knochen ließ ihn nicht los. Vielleicht war hier ein Verbrechen geschehen. Konnte er einfach schweigen?

Gegen Abend hatte sein unruhiges Gewissen ihn zu einer Entscheidung gebracht. Er überzeugte Luigi, und gemeinsam suchten sie ihren Chef auf, den Besitzer des Steinbruchs. Stirnrunzelnd betrachtete dieser die Knochenreste. Nein, beruhigte er die Italiener, ein Mord liege nicht vor. Jedenfalls keiner, den es noch zu ahnden gebe. Die Knochen waren ganz offensichtlich alt, uralt. Hatten sie nicht tief unter dem Ton gelegen? Doch eine Erklärung wusste auch der Steinbruchbesitzer nicht. Deshalb verständigte er Johann Fuhlrott, einen Lehrer aus Elberfeld. Der war ein gelehrter Mann, er verstand etwas von den Wissenschaften der Geologie und der Zoologie. Und auch die idyllische Schlucht, das „Gesteins", war dem Mann wohlbekannt.

Schnell erkannte Fuhlrott, dass es sich tatsächlich um menschliche Knochen handeln musste. Vom Schädel war nur ein Stück gefunden worden, und dieses war merkwürdig abgeflacht. Fuhlrott nickte gedankenversunken. „Ein Flachkopf", sagte er dann, an den Herrn des Steinbruchs gewandt, „so wie er heute noch in Nordamerika vorkommt. Vieleicht gehörte dieser hier zu einer Horde von Wilden, die einst mit Attila dem Hunnen in unserer Gegend herumstreiften." Er packte die Fragmente zusammen, um sie daheim in Elberfeld näher zu inspizieren.

Der Steinbruchchef blieb verdutzt zurück. Was für eine Sensation! Wahrhaftige Hunnen bei ihm im Gesteins? Sogleich informierte er die Presse. Doch weil jene Zeit noch nicht so schnelllebig wie unsre heutige gewesen ist, dauerte es gute zwei Wochen, bis die Nachricht endlich gedruckt wurde: *„Mettmann, den 4. September 1856. Im benachbarten Neanderthale, dem so genannten Gesteins, ist in den jüngsten Tagen ein überraschender Fund gemacht worden..."*

Die Zeitung fiel zwei Bonner Professoren in die Hände. Sie nahmen Kontakt zu Fuhlrott auf und untersuchten die Knochenstücke. Alt mussten diese sein, sehr alt. „Aus der Eiszeit?", fragte Fuhlrott, der eine solche Vermutung hegte. „Nein, so alt nun auch wieder nicht", wurde ihm erwidert. „Von einem rohen Urvolk, das vor den Germanen hier gewesen ist. Aus Britannien, Irland oder Skandinavien vielleicht." Zur Sicherheit zog man den Rat Rudolf Virchows hinzu. Der Berliner Arzt war damals die angesehenste Autorität auf dem Gebiet der Medizin und der Pathologie. Alles Unsinn, stellte dieser fest. Die

Knochen hätten einem neuzeitlichen Menschen gehört, der arme Kerl sei aber an Rachitis erkrankt gewesen.

Drei Jahre später veröffentlichte Charles Darwin in Großbritannien seine revolutionäre Evolutionstheorie. Davon inspiriert reiste der schottische Geologe Charles Lyell zu Fuhlrott und untersuchte die Knochenstücke. Fuhlrott führte den Gast auch zu deren Fundstätte ins Neandertal, das sein Aussehen inzwischen noch weiter verändert hatte. Seufzend erzählte er dem Gast von der vergangenen Schönheit dieses Ortes. Vor zweihundert Jahren sei ein Pastor aus Bremen immer wieder hierhergekommen, um sich von der Herrlichkeit der Schlucht inspirieren zu lassen. Hier saß er stundenlang auf einem Felsvorsprung und betrachtete das pittoreske Wunder der Natur. Der Pastor hatte in jener Zeit eine Anstellung als Rektor der Lateinschule in Düsseldorf inne, und er schrieb Kirchenlieder. „*Lobe den Herren, den mächtigen König der Ehren*", intonierte Fuhlrott, um dem Schotten eine Idee davon zu vermitteln. Tja, so wundervoll sei es hier damals gewesen, beendete er danach seine Schilderung. Joachim Neander hieß jener Pastor, und deshalb nannte man die verlorene Schlucht im Niederbergischen Land ihm zu Ehren inzwischen „Neanderthal". Denn das Wort „Tal" schrieb man damals noch mit „th".

Leyell war sehr angetan. Fuhlrotts Knochen mussten wirklich alt sein, uralt. Und wenn Darwins These stimmte, dann hatte sich der Mensch aus einem Tier entwickelt. Es musste irgendeine Zwischenstufe gegeben haben, ein Wesen, das weder Mensch noch Affe war. Hielt er hier die Reste dieser Kreatur in Händen? Leyell übermittelte seine Erkenntnisse dem irischen Gelehrten William King, und der benannte das neu entdeckte Wesen flugs als „Homo Neanderthalensis King". Der Neandertaler war zurück ans Licht der Welt getreten, 30.000 Jahre nach seinem Aussterben!

Heute wissen wir weit mehr als die Pioniere der Anthropologie und der Evolution des 19. Jahrhunderts. Wir stammen nicht vom Neandertaler ab, doch unsere Vorfahren haben sich zumindest mit ihm gepaart. Der Neandertaler hat sich in Europa entwickelt, im Gegensatz zu unseren Ahnen, die aus Afrika stammten. Inzwischen hat man viele Knochenreste von Neandertalern gefunden, ihre Stämme hatten sich bis nach Westasien hin ausgebreitet. Ihr Körperbau lässt sich heute recht gut rekonstruieren, und auch über ihre Lebensweise hat die Wissenschaft einiges herausfinden können. Die Neandertaler konnten sprechen und benutzten Werkzeuge, und weil man ihre Spuren auch auf griechischen Inseln fand, müssen sie sich sogar mit der Seefahrt ausgekannt haben. Sie stellten Schmuck her und bestatteten ihre Toten. Und doch bleibt vieles im Dunklen verborgen.

Etwas Licht in die Schatten der Vergangenheit wirft das „Neanderthal Museum", das in der Nähe des Fundortes zwischen Mettmann und Erkrath entstanden ist. Seine

Ausstellung veranschaulicht die Stufen der Menschwerdung sowie unser heutiges Wissen über die Neandertaler. Wo einst die dramatische 500 Meter lange Schlucht der Düssel gewesen ist, gibt es jetzt an ihren Ufern nur noch eine Wiese. Die Stelle, an welcher die italienischen Arbeiter die Knochenstücke des Neandertalers fanden, ist bekannt, doch ist auch die einstige Höhle längst verschwunden. Hier befindet sich nun ein archäologischer Garten. In einem Wildgehege werden Tiere aus der Zeit der Neandertaler gehalten, Wisente sowie rückgezüchtete Tarpane und Auerochsen. Das Neandertal ist nun ein Naturschutzgebiet, die Düssel fließt durch eine Landschaft aus Wäldern, heckengesäumten Feldern und Feuchtwiesen hindurch.

Die frühere Schlucht mag verschwunden sein, doch ihr Name ist unsterblich geworden. Zumindest weiß man, wie es zu ihrem Verschwinden kam. Warum die Neandertaler ausgestorben sind, bleibt hingegen bis heute rätselhaft.

Warmer Kartoffelsalat

Zutaten für 4 Personen: *800 g Kartoffeln, 2 Zwiebeln, 100 g gewürfelter Speck, 500 ml Gemüsebrühe, 250 ml Milch, 50 g Mehl, Salz, Pfeffer*
Zubereitung: *Die Kartoffeln in der Schale garen, danach pellen und in Scheiben schneiden. Den Speck in einem Topf auslassen, die Zwiebeln schälen, würfeln und hinzugeben. Das Mehl darüberstreuen und anschwitzen. Mit Brühe und Milch ablöschen, kurz aufkochen, mit Salz und Pfeffer abschmecken und die Kartoffeln unterheben.*

Weltstadt im Oberbergischen – grosse Pläne für einen kleinen Ort

Wuppertal ist die größte Stadt des Bergischen Landes. Doch um ein Haar wäre es anders gekommen. Denn vor nicht allzu langer Zeit existierten Pläne, anhand derer das Oberbergische Land völlig umgekrempelt worden wäre. Hier sollte eine Großstadt mit mindestens dreihunderttausend Einwohnern entstehen, mit Hochhäusern, S-Bahn, womöglich auch mit Anbindung an eine ICE-Trasse und internationalem Flughafen? Kino-Komplex, Hochschule und Opernhaus?

Tatsächlich sahen die Pläne einiges davon vor. Auf jeden Fall war eine U-Bahn vorgesehen, wie auch immer man die durch den bergischen Fels schlagen wollte. Dazu ein Theater, ein Kino und eine direkte Autobahnanbindung. Außerdem sollte ein großes Traktorenwerk entstehen, das die damals noch etwas rückständige Bauernschaft des Bergischen gleich vor Ort mit modernen Landwirtschaftsgeräten beliefern würde. Und nicht nur diese, in ganz Deutschland wollte man den neuen Ackerschlepper verbreiten. Den Auftrag zur Konstruktion des Allerwelts-Traktors hatte kein Geringerer als Ferdinand Porsche erhalten, der neue Traktor sollte billig, robust und leicht zu bedienen sein. Mit anderen Worten, gedacht war an ein landwirtschaftliches Pendant zum Volkswagen, einen „Volkstraktor“. Dessen Fabrikationsstätte würde nicht nur die Basis für viele Arbeitsplätze sein, er sollte der neuen Stadt auch zu großem Ruhm verhelfen. Sie wäre dann die größte und wichtigste Stadt zwischen Köln und Kassel, und vor allen Dingen würde sie den Mann unsterblich machen, der sich all das ausgedacht hatte: Robert Ley.

Der Bauernsohn stammte aus Niederbreidenbach, einem heute zu Nümbrecht gehörenden Dörflein. Das Leben seiner Familie muss ziemlich ärmlich gewesen sein. Jedenfalls war es schlimm genug, um Leys Vater dazu zu veranlassen, den eigenen Hof in Brand zu stecken. Seine Absicht dabei war es, das Geld der Brandschutzversicherung zu kassieren, doch stattdessen wanderte er ins Gefängnis. Das schockierte den kleinen Robert zutiefst. So etwas würde ihm nicht passieren. Er war anders als sein Vater, er würde hart arbeiten, eine große Karriere machen und ein berühmter Mann werden! Fortan setzte er alles daran, diese Ziele wahr werden zu lassen. Er schuftete verbissen, stellte sich wo immer möglich in den Vordergrund, und er ließ keine Gelegenheit aus, der Welt zu zeigen, was für ein toller Hecht er doch sei. Der Dauerstress und der Erfolgsdruck machten ihn zum Alkoholiker. Mit anderen Worten: Er wurde ein richtiges Ekelpaket. Und außerdem wurde er Nazi.

Im Ersten Weltkrieg hatte Robert Ley sich freiwillig zur Artillerie gemeldet. Er erlitt eine Gehirnverletzung, die ihn zeitweise zum Stotterer machte, eine schlimme Demütigung für den eitlen Mann. Trotzdem promovierte er in

Chemie und erhielt einen guten Job bei Bayer, jedoch sein Ego verlangte nach weiterer Kompensation. So fiel die Herrenmenschen-Ideologie der Nationalsozialisten bei ihm auf fruchtbaren Boden. Bereits 1923 trat er in die Partei ein. In maßloser Selbstüberschätzung verstieg er sich schon früh zu antisemitischen Übergriffen und verlor deshalb seine Stelle bei Bayer. Aber das machte nun nichts mehr, denn Adolf Hitler hatte Leys Potenzial längst erkannt. Ley wurde Gauleiter und zog in den Preußischen Landtag ein, mit stolzgeschwellter Brust hielt er flammende Reden hoch demagogischen Inhalts. Sein Judenhass trieb immer neue Blüten und entwickelte sich zu einem ausgewachsenen Wahn, der Leys gesamtes Denken beherrschte. In Hitler sah er ein gottgleiches Wesen, und er vermochte sich so sehr in Rage zu reden, dass er dabei jegliche Bodenhaftung verlor. Allen Ernstes propagierte er die baldige Besiedlung des Mondes und die Eroberung aller Planeten.

Spätestens jetzt hätte man ihn in eine psychiatrische Anstalt einweisen müssen, doch Hitler machte Ley stattdessen zum Chef der Deutschen Arbeitsfront. Diese Organisation verherrlichte die hart arbeitenden und stets kämpfenden deutschen Herrenmenschen, und zum Ausgleich für deren Einsatz spendierte sie ihnen Freizeitvergnügen im Sinne von „Kraft durch Freude" – „KdF". Auf dem Kreuzfahrtschiff „Robert Ley" fuhr man in die Sommerfrische, und gewohnt wurde in „Ley-Siedlungen", die aus kleinen Häuschen mit eigenen Gärtchen bestanden. Hier wohnten die Arbeiter günstig und mit bescheidenem Wohnkomfort, und wer sich nicht schickte und sein Gärtchen nicht in Ordnung hielt, der flog kurzerhand wieder raus.

Doch das war alles nicht genug für Robert Ley. Er wollte sich ein noch bedeutenderes Denkmal setzen. 1936 hatte er ein Landgut in seiner oberbergischen Heimat erworben und nach Kräften ausbauen lassen. Der Besitz erstreckte sich über 170 Morgen, Leys Vater wäre vor Neid erblasst. Eilfertig ließ Ley das alte Gutshaus abreißen und durch einen angemessenen Neubau ersetzen. Zahlreiche große Wirtschaftsgebäude entstanden auf dem Gelände, und die Gutseinfahrt wurde mit einem monumentalen steinernen Tor versehen. Ganz im Sinne der Ideologie zierten es ein kraftstrotzender SA-Mann und ein nicht minder kerniger Bauernbursche, der säend neues Leben spendet. Eine Million Reichsmark hatte Ley für die Neugestaltung des Anwesens „Gut Rottland" aufgewendet, Geld, das Hitler persönlich seinem treuen Gefolgsmann zum Geschenk gemacht hatte. 1940 schenkte außerdem Ferdinand Porsche dem frisch gebackenen Gutsherrn einen Prototyp seines neu entworfenen Volkstraktors zum fünfzigsten Geburtstag. Als Nächstes plante Ley die Errichtung eines Windrads zur Energiegewinnung.

Das Gut Rottland gehörte zur Ortschaft Waldbröl, und so richtete Ley sein Augenmerk schon bald auf diesen beschaulichen Flecken. Hier, direkt vor den Toren des Guts Rottland, sollte eine neue Stadt entstehen! Nicht irgendeine

Stadt, nein, eine bedeutende Großstadt, wichtiges Zentrum von Industrie und Kultur. Ley hatte wahrhaft große Pläne.

Wilhelm Anton Heintz, Siedlungsberater und Landschaftsgestalter im Dienste der NSDAP, wurde mit der Planung beauftragt. Heintz hatte sich bereits mit Entwürfen für das Freilichttheater in Bad Segeberg hervorgetan, er hatte die Grünflächenplanung für die „Stadt der Hermann-Göring-Werke“ – Salzgitter – übernommen und die Grundlage für die „Stadt des KdF-Wagens“ – Wolfsburg – geschaffen. Nun also die „Stadt der KdF-Traktorenwerke“: Waldbröl!

Heintz reiste nach Waldbröl, nahm Bodenproben und zückte Stift und Papier. Eine gigantische Adolf-Hitler-Schule mit Wohntrakten, Sporthallen, Schwimmbad und Sportplätzen, dazu noch ein KdF-Hotel. Das Volkstraktorenwerk im Rossenbacher Tal, auf einer Fläche von zwei Kilometern Länge, vier Hallen von jeweils 100.000 Quadratmetern, Platz für zwanzigtausend Arbeiter. An jeder Ecke des Werks ein achtzig Meter hoher Turm, damit man es schon von weither erblicken konnte. Dreißigtausend Traktoren sollte die Fabrik jährlich ausspucken, und damit diese schnell an den Mann gebracht werden konnten, würde eine Autobahn über die Nutscheid in Richtung Frankfurt führen. Das war ganz praktisch, denn auf dem Höhenrücken standen auch die Abschussrampen für die V1-Raketen, mit denen die Kriegstreiber Belgien bombardierten.

So würde Waldbröl schnell aufblühen, und dann brauchte die Stadt natürlich noch ein geeignetes Aufmarschgelände, Kasernen, Sportplätze. Da, wo noch heute an jedem zweiten Donnerstag der berühmte Vieh- und Krammarkt abgehalten wird, sollte „der schönste Platz von Deutschland" entstehen, mit Oper, Schauspielhaus und Universität. Und ja, eine U-Bahn. Durch unsere extrem harte Grauwacke? Ob Heintz sich seine Bodenproben wirklich genau angesehen hat?

Heintz legte die fertigen Pläne vor, und der größenwahnsinnige Ley war begeistert. Sogleich wurde in die Hände gespuckt. Als erstes zog man das KdF-Hotel hoch, denn die vielen zu erwartenden Besucher mussten ja untergebracht werden. Dann folgte ein Gebäude für das Baubüro, weil die Planungsleitung ein Dach über dem Kopf benötigte. Als nächstes wurde eine Mauer aufgeschichtet, die Teil der Adolf-Hitler-Schule sein sollte. Und dann... war Schluss mit der Megalomanie.

Denn der Krieg führte Deutschland inzwischen mit Riesenschritten auf den Abgrund zu. Die Aufmerksamkeit richtete sich jetzt auf ganz andere Probleme als die Stadtwerdung des Dorfes Waldbröl. Außerdem war der Stern von Robert Ley längst gesunken. Mit seinem großkotzigen Auftreten hatte er sich viele Feinde gemacht. Und weil er immer öfter sturzbetrunken durch die Öffentlichkeit wankte, nannte man ihn insgeheim längst „Reichstrunkenbold".

Dann kam das Kriegsende. Robert Ley wurde verhaftet, in Nürnberg machte man ihm den Prozess. Seiner Verurteilung entzog er sich, indem er sich im Oktober 1945 mit seiner in Streifen gerissenen Unterhose strangulierte.

Die Gebäude auf Gut Rottland hatte er noch kurz vor seiner Verhaftung in Brand setzen lassen. Lieber tat er es seinem Vater nach, als den Amerikanern sein Haus zu überlassen. Die herrschaftliche Villa mit allen enthaltenen Kunstschätzen brannte bis auf die Grundmauern ab. Doch die übrigen Gebäude konnten gerettet werden. Der steinerne SA-Mann wurde vom Tor entfernt. Das Gut ist in Privatbesitz und beherbergt heute eine Reitsportgemeinschaft.

Die Abschussrampen auf der Nutscheid wurden von britischen Truppen zerstört. Ihre Reste – Bodenplatten und Wasserbecken – stehen seit 2006 unter Denkmalschutz. Bis 1986 haben die Amerikaner Raketen auf der Nutscheid stationiert, darunter auch Nuklear-Sprengköpfe. Die ehemalige Militärbasis und der Beobachtungsturm sind noch erhalten, was daraus werden soll, weiß bisher niemand so recht. In den tiefen Wäldern auf der Nutscheid drehte 2009 Lars von Trier seinen skandalumwitterten Psychothriller „Antichrist“. Und seit 2015 gibt es hier den Naturerlebnispark „Panarbora“.

In Waldbröl selbst blieben von den einstigen großen Plänen nur das Baubüro, das Kdf-Hotel und die Mauer.

Schnell erhielt letztere den Namen „Hitlermauer“, und irgendwann in den Achtzigerjahren schmierten Unbekannte in großen Lettern „Nie wieder Krieg“ darauf. Das wurde zum Programm, heute ist die Hitlermauer ein anerkanntes Mahnmal für den Frieden. Die Aufschrift wird sorgfältig gepflegt.

Das KdF-Hotel diente zunächst als Krankenhaus, dann zog die Bundeswehr ein. Als diese keine Verwendung mehr für das Gebäude hatte, übernahm es eine buddhistische Glaubensgemeinschaft. Die Mönche bauten aus den Säulen, die zur Nazizeit für eine bombastische Eingangsgestaltung vorgesehen waren, einen Glockenturm im tibetischen Stil.

Das frühere Hotel beherbergt nun das Europäische Institut für Angewandten Buddhismus, von hier aus sollen auf nicht-konfessionellem Wege Achtsamkeit, Frieden und Harmonie Verbreitung finden. Beabsichtigt ist das größte buddhistische Zentrum des Kontinents.

So wird Waldbröl, das 1957 die Stadtrechte erhielt, schließlich doch noch an Größe gewinnen, wenn auch anders als ursprünglich gedacht.

BERGISCHER STREUSELKUCHEN

Zutaten: *700 g Mehl, 250 ml Milch, 300 g Butter (zimmerwarm), 150 g Zucker, 2 Eier, 1 Würfel Hefe, 1 Tl gemahlener Zimt, Salz, Mehl für die Arbeitsfläche*

Zubereitung: *500 g Mehl in eine Schüssel füllen. Die Milch lauwarm erhitzen und die Hälfte des Zuckers hineingeben. Dann die Hefe in der Milch auflösen und das Ganze über das Mehl gießen. Die Eier, 125 g Butter und eine Prise Salz hinzugeben und alles kräftig verkneten. Danach mit einem Geschirrtuch abdecken und 30 Minuten lang an einem warmen Ort gehen lassen.*

Anschließend noch einmal kräftig durchkneten und sodann auf einer eingemehlten Arbeitsfläche zur Größe eines Backblechs ausrollen. Das Backblech mit Backpapier auslegen und den Teig darauflegen.

Den Teig mit 50 g Butter bestreichen, abdecken und 20 Minuten lang gehen lassen.

Die restliche Butter mit dem Zimt und dem verbliebenen Zucker vermischen und so lange Mehl hinzugeben, bis sich trockene Klümpchen aus der Masse bilden. Diese Streusel über dem eingebutterten Teig verteilen.

Den Backofen auf 200°C vorheizen und den Streuselkuchen etwa 20-25 Minuten lang darin backen, bis die Streusel goldgelb sind und der Kuchenrand leicht zu bräunen beginnt.

Meine Großmutter hat diesen Kuchen alternativ auch in einer Springform gebacken. Er wird dann deutlich höher und muss ein bisschen länger im Ofen bleiben. Nach dem Erkalten hat sie ihn seitlich durchgeschnitten und mit Vanillepudding gefüllt.

Im Bann des Rotmilans – Die Charismatiker der Lüfte

Ich kann ihm stundenlang zusehen. Majestätisch zieht er seine Kreise über unserem Tal, höher und immer höher trägt ihn der Aufwind hinauf, bis er nur noch ein kleiner Punkt zwischen den Wolken ist. Manchmal sind es auch zwei, die miteinander durch die Lüfte segeln, in einem gravitätischen Tanz voller Harmonie und Eleganz, ein Pas de deux von meisterhafter Choreografie. Dann beneide ich sie um ihre Kunst. Muss es nicht ein purer Glücksrausch sein, so erhaben in scheinbarer Schwerelosigkeit dahinzugleiten?

Zu anderen Zeiten liefern die Krähen sich eine Luftschlacht mit einem dieser grandiosen Segelflieger. Sie kommen zu zweit und attackieren ihn von oben oder von der Seite. Im Gegensatz zu ihm sind sie keine exzellenten Gleiter, ihr Flattern wirkt eher unbeholfen, wie tollpatschige Stümper erscheinen sie neben ihm. Doch sie sind wendig, todesmutig und entschlossen. Sie wissen genau, dass er ihren engen Kehrtwendungen und rasanten Sturzflügen nicht folgen kann, und hinterhältig nutzen sie seine Manöverschwäche. So hat er keine Chance gegen die viel kleineren Krähen. Er muss aufgeben und das Weite suchen.

Im Vergleich zu den Krähen ist er ein Riese. Breitet er seine Schwingen aus, so erreicht er eine Spannweite von bis zu 175 Zentimetern. Er ist der größte Raubvogel im

Bergischen Land: der Rotmilan. Mit seinem auffällig gezeichneten Gefieder ist er unverwechselbar, wie ein Indianer auf dem Kriegspfad schmückt er sich mit schwarzen, ockerfarbenen und leuchtend rotbraunen Federn. Erhaben enthüllt er dann im Flug die markante weiße Kriegsbemalung an der Unterseite seiner Flügel. Sein rostroter Schwanz ist gegabelt, was ihm den volkstümlichen Namen „Gabelweihe“ eingebracht hat.

Es heißt, dass seine Bestände in Deutschland seit Jahren rückläufig sind. Insgesamt gibt es um die 22.000 Brutpaare des nur in Europa vorkommenden Vogels, von denen die Hälfte in Deutschland lebt. Etwa zwei Drittel davon brüten im Osten des Landes, im Flachland Nordwestdeutschlands und in großen Teilen von Bayern gibt es gar keine Rotmilane. Seit den Neunzigerjahren sollen die Bestände bundesweit um fast ein Drittel zurückgegangen sein.

Wie glücklich müssen wir im Bergischen uns da schätzen, denn meine Beobachtungen scheinen diesem Trend entgegengesetzt zu sein. Teilweise habe ich schon bis zu sieben Rotmilane in den luftigen Höhen über unserem Tal beobachtet, und besonders zur Brutzeit ist fast immer einer der Vögel am Himmel unterwegs. Oft erklingt sein durchdringender, schriller Schrei. Dann streitet er mit anderen um die Beute, denn eigentlich ist der graziöse Rotmilan ein stiller Vogel. Er hält nicht viel von lautstarkem Gebaren.

Tatsächlich scheinen sich die Bestände der Rotmilane im Bergischen Land in den letzten Jahren sehr positiv entwickelt zu haben. Im Rahmen einer landesweiten Aktion werden ihre Vorkommen seit einigen Jahren kartiert, hier bei uns haben die Biologischen Stationen Oberberg in Nümbrecht und Rhein-Berg in Rösrath diese Aufgabe übernommen. Sie erfassen Nester und Jungvögel, und sie versuchen, die Landwirte zu einer für die Rotmilane günstigen Nutzung ihrer Flächen zu motivieren.

Denn die Veränderungen in der Landwirtschaft sind eine Ursache für den Rückgang der Rotmilan-Populationen in Deutschland. Monokulturen rauben ihnen die Nahrung, intensiv genutzte Ackerflächen bieten dem Rotmilan keinen Lebensraum. Seine Todfeinde sind Windkraftanlagen und Hochspannungsleitungen, aber zuweilen wird er auch vergiftet oder abgeschossen.

Es ist kaum nachvollziehbar, dass Menschen diesem herrlichen König der Lüfte das antun. Und doch hat gerade die Verfolgung dazu beigetragen, dass der Rotmilan nun zu unseren seltensten Raubvogelarten gehört. Auf der Roten Liste der gefährdeten Arten ist er in der Vorwarnstufe aufgeführt.

Er braucht eine offene Landschaft, durchsetzt von Mischwäldern und Wasserläufen. Enge Flusstäler und Berghänge sind günstig für ihn, denn hier gibt es die für den Segelflug nötigen Aufwinde. Viehweiden und Grasland bieten dem Rotmilan gute Jagdmöglichkeiten. So ist wohl tatsächlich das Bergische Land für ihn ein nahezu idealer Lebensraum.

Der Rotmilan ist ein genügsamer Esser, er nimmt, was er bekommen kann. Das können kleine Säugetiere wie Mäuse, Hamster oder Maulwürfe sein, aber auch kleinere Vögel wie Stare, Tauben, Amseln und junge Krähen. Doch er nimmt auch Fische, Käfer, Regenwürmer, Frösche und Molche. Auf Mülldeponien jagt er Ratten, und zur Not begnügt er sich sogar mit Aas.

Auf der Jagd durchstreift er sein Revier im niedrigen Gleitflug. Seine Beute greift er im Vorbeiflug meist vom Boden, seltener von Ästen. Fische packt er wie ein Seeadler an der Wasseroberfläche und trägt sie mit sich davon. Er tötet mit kräftigen Schnabelhieben.

Mitunter schreitet er aber auch über den Boden. Dann sucht er nach Würmern und Insekten. Ist die Beutelage schlecht, versucht er, sich bei erfolgreicheren Jägern zu bedienen. Dann nervt er Schwarzmilane oder Krähen so lange, bis sie ihre Beute schließlich aufgeben. Dieser Mundraubmethode bedient er sich besonders im Winter, wenn die Jagdaussichten mies sind.

Weil das aber auf die Dauer eine Überlebensstrategie mit zweifelhaften Erfolgsaussichten ist, macht er sich dort, wo die Winter zu kalt werden, auf den Weg nach Süden und verbringt die frostigen Monate in wärmeren Regionen. Auch die meisten unserer bergischen Rotmilane ziehen dann nach Südwesten in Richtung Südfrankreich und

Spanien. Ihr Zugverhalten folgt aber keiner einheitlichen Strategie, milde Winter und ein ausreichendes Nahrungsangebot, wie zum Beispiel auf offenen Mülldeponien, veranlassen sie zum Bleiben. Und schon ab Mitte Februar kommen die ersten Winterreisenden wieder zurück. Denn dann bereiten sie sich auf die Brutzeit vor.

Ihr Partnerschaftsverhalten scheint dem des Menschen nicht unähnlich zu sein. Manche Rotmilanpaare bleiben über mehrere Jahre hinweg zusammen, andere finden sich nur für eine Saison oder wechseln ihre Partner sogar innerhalb einer einzigen Brutzeit. Während der Balzzeit starten die Paare zu gemeinsamen Rundflügen und errichten nebenbei ihren Horst in den Wipfeln hoher Bäume. Dann wird das Männchen zum Ernährer, es schafft das Futter heran, solange seine Partnerin brütet und auch während der ersten Tage nach dem Schlüpfen der Jungvögel. In dieser Zeit ist Vati von früh bis spät unterwegs, um für Futter zu sorgen. Danach geht auch Mutti wieder auf die Jagd.

Meist sind es drei Kleine, die nach rund einem Monat schlüpfen und anschließend noch für ein paar Wochen im Horst bleiben. Fliegen sie endlich aus, beginnt die Flugschule. Noch etwa vierzehn Tage lang kümmern die Eltern sich jetzt um den Lebensunterhalt, dann sind die Kleinen auf sich gestellt. Sie verlassen das Elternhaus und schließen sich für den Rest der Saison mit anderen Halbstarken zusammen. Wo sie später ihr eigenes Revier finden werden, hängt vom Nahrungsangebot ab. Gibt's genug zu futtern, dann können auch mehrere Paare auf engem Raum zusammenleben. Wenn nichts dazwischenkommt, werden sie ziemlich alt, mehr als zwanzig, mitunter sogar dreißig Jahre.

Und wenn die Zeit der Aufzucht beendet ist, dann starten sie wieder zu ihren spektakulären Segelflügen. Am Südhang unseres Tals finden sie günstige Aufwinde, höher und immer höher lassen sie sich dann hinauftragen, bis sie wieder nur ein kleiner Punkt oben zwischen den Wolken sind. Ich kneife die Augen zusammen und blinzle ins grelle Sonnenlicht, um sie noch erkennen zu können. Heißt es nicht, sie jagen im niedrigen Gleitflug? Dort oben in luftiger Höhe gibt es nichts zu jagen. Dort vollführen sie nichts als ihren anmutigen Tanz.

Ich bin mir sicher: Sie tun es, weil sie es können. Das Fliegen macht ihnen Spaß. Es ist die pure Lust am Leben.

Dicke Bohnen mit Speck und Salzkartoffeln

Zutaten für 4 Personen: *600 g Dicke Bohnen (aus dem Glas), 500 g Kartoffeln (festkochend), 4 Scheiben durchwachsener Speck (ca. 1 cm dick), 150 g gewürfelter Speck, 1 Zwiebel, 30 g Mehl, 50 g Butter, Bohnenkraut, Pfeffer, Salz*

Zubereitung: *Die Speckscheiben in einem Topf gerade eben mit Wasser bedecken, aufkochen und 45 Minuten lang köcheln lassen. Danach den Speck herausnehmen und die Bohnen mitsamt der Flüssigkeit hineingeben. Salzen, pfeffern, mit Bohnenkraut würzen und bei milder Hitze köcheln lassen.*

Die Kartoffeln waschen, schälen und in gesalzenem Wasser garen.

Die Zwiebel schälen und würfeln. In einer Pfanne ohne Fett die Bauchspeckscheiben von beiden Seiten anbraten, dann herausnehmen und beiseitestellen. Nun die Butter in der Pfanne zerlassen und dann die Zwiebeln und die Speckwürfel darin gut bräunen.

Die Bohnen durch ein Sieb gießen und die Flüssigkeit dabei auffangen. Das Mehl über Speck und Zwiebeln in der Pfanne stäuben und anschwitzen, anschließend mit der Bohnenflüssigkeit ablöschen. Aufkochen, dann die Bohnen zurück in den Topf geben und die Speck-Zwiebel-Soße darübergießen. Gut umrühren, anschließend die Speckscheiben obenauflegen und den Deckel auf den Topf legen. Den Herd ausschalten und das Ganze 5 Minuten lang ziehen lassen.

Zusammen mit den Salzkartoffeln servieren.

Auf Umwegen zur Strahlung – Wilhelm Conrad Röntgen

Verdutzt bleiben die Messebesucher vor dem Stand der Aussteller aus Deutschland stehen. In Wien sind Wissenschaftler zum Europäischen Röntgenkongress zusammengekommen, um sich über neueste Erkenntnisse und Entwicklungen auf ihrem Gebiet auszutauschen. Doch die Deutschen haben statt der neuesten Röntgenapparate bloß eine Baustelle aufgebaut. Warum?

Dreißigtausend Röntgenexperten sind im März 2015 nach Wien gereist, es ist das zweitgrößte Treffen dieser Art weltweit. So viele Menschen, und alle eint der Enthusiasmus für ihr Fach. Da werden sie sich sicherlich auch für das Projekt der Deutschen begeistern lassen. Denn diese haben sich vorgenommen, das baufällige Geburtshaus von Wilhelm Conrad Röntgen grundlegend zu restaurieren. Er ist doch schließlich der Stammvater ihrer Wissenschaft.

Vier Jahre zuvor hat die Deutsche Röntgen-Gesellschaft das marode Haus für einen symbolischen Euro von der Stadt Remscheid erworben, nun sind alle Röntgen-Fans dazu aufgerufen, bei der Instandsetzung des Gebäudes zu helfen. Wer etwas spendet, bekommt als Dank ein Erinnerungsfoto vor dem Baustellenstand auf dem Wiener Kongress. Und vielleicht wird er ja später noch von den ehrgeizigen Plänen der Deutschen Röntgen-Gesellschaft profitieren können. Denn das Röntgen-Geburtshaus in

Remscheid-Lennep soll zu einem Magneten für Mediziner und Wissenschaftler aus aller Welt werden. Hier sollen sie sich zu Workshops und Seminaren zusammenfinden, und zur Auflockerung des Programms gibt's einen Besuch im nahegelegenen Röntgen-Museum.

Das alte Haus am Gänsemarkt in Lennep hatte schon Röntgens Großvater erworben. Die Familie lebte vom Tuchhandel, doch gehörte sie nicht zu einer der wohlhabenden Tuchmacherdynastien des Bergischen Landes. Sie waren einfache Leute, ihnen genügte ein bescheidenes Stadthaus. Trotzdem legten sie Wert auf eine gewisse Bildung. Sie engagierten sich im Kirchenvorstand und schickten ihre Kinder auf die Remscheider Lateinschule, lange bevor es die allgemeine Schulpflicht gab.

Im März 1845 hatten der Tuchhändler Friedrich Röntgen und seine niederländische Frau Charlotte Constanze einen Sohn bekommen, dem sie den Namen Wilhelm Conrad gaben. Es war eine aufgewühlte Zeit. Die Französische Revolution hatte in Frankreich zu großen gesellschaftlichen Umbrüchen geführt. In der Folge hatte Napoleon Europa mit seinen Eroberungszügen drangsaliert und damit zunächst vom Gedankengut der Revolution abgelenkt.

Die heftigen Kriege zwischen Frankreich und den deutschen Fürstentümern zogen auch das Bergische Land in Mitleidenschaft. Doch sie trugen schließlich auch die Ideale der Französischen Revolution in die deutsche

Provinz. Immer öfter regte sich nun Kritik an den bestehenden Herrschaftsverhältnissen.

Das Jahr 1846 brachte eine schwere Missernte. Überall litt man großen Hunger, und der Unmut in der Bevölkerung war gewaltig. Die Lage verschärfte sich immer weiter. Infolge des Mangels explodierten die Lebensmittelpreise, für andere Dinge blieb jetzt kein Geld mehr übrig. Das traf vor allem die Textilindustrie, denn neue Kleider und Stoffe waren ein Luxus, auf den man notfalls auch verzichten konnte. Hieran wurde zuerst gespart. Die Branche stürzte in eine tiefe Krise.

So kam es, dass die junge Familie Röntgen ihre Existenzgrundlage schwinden sah. Als in Deutschland schließlich als Folge der allgemeinen Unzufriedenheit und Not die Revolution von 1848 ausbrach, saßen Friedrich und Charlotte verzweifelt am Küchentisch ihres Häuschens in Lennep. Schon seit zwei Jahren wohnten sie nicht mehr in dem Haus am Gänsemarkt 1. Wegen Geldmangels hatten sie es an einen Metzger verkaufen müssen und waren in eine viel bescheidenere Hütte umgezogen. Wie sollte es bloß weitergehen? Die Revolution würde doch alles nur noch schlimmer machen!

Charlottes Züge hatten einen entschlossenen Ausdruck angenommen. Seit Wochen versuchte sie ihren Mann zu überzeugen, doch stets zögerte er und brachte immer neue Einwände gegen ihren Vorschlag vor. Aber heute war es so weit. Friedrich Röntgen sah keine Alternative mehr. Der drohende Ruin ließ sich nicht mehr abwenden. Er nickte. „Gut", sagte er zu seiner Frau, „dann lass uns ziehen."

Sie packten ihr weniges Hab und Gut, nahmen das bisschen Geld, das sie noch besaßen, und brachen in die Niederlande auf. Hier, in Charlottes Heimat, hofften sie auf eine neue Zukunft.

Die junge Familie ließ sich in Apeldoorn nieder. Das erwies sich als gute Entscheidung. Friedrich und Charlotte arbeiteten hart, sodass sie ein leidliches Auskommen fanden. Weitere Kinder bekamen sie nicht, und so setzten sie all ihre Hoffnung auf Wilhelm Conrad. Doch der Junge bereitete ihnen Kummer.

Sie hatten ihn auf die Technische Schule in Utrecht geschickt, und er brachte recht leidliche Zensuren nach Hause. Aber die Lehrer kritisierten seine ausgeprägte Faulheit. Er machte keinen einzigen Handschlag zu viel, und oft genug vergaß er die ihm aufgetragenen Aufgaben. Am Ende verstieg er sich sogar noch zu einem schweren Lapsus: Er hatte eine boshafte Karikatur von seinem Klassenlehrer angefertigt und war so ungeschickt gewesen, sich dabei erwischen zu lassen. Zwar bestritt Wilhelm Conrad, der Urheber dieser Zeichnung zu sein, doch er fand kein Gehör. Bissige Karikaturen sind auch früher schon oftmals auf die Gnadenlosigkeit derer gestoßen, die sich vom Spott getroffen fühlten. Wilhelm Conrad flog von der Schule. Er war achtzehn Jahre alt und hatte keinen Abschluss.

Das rüttelte den jungen Mann auf. Er begann, Sprachen zu büffeln, und nahm an einer nachträglichen Zulassungsprüfung teil, die ihm den Universitätsbesuch trotz fehlenden Abiturzeugnisses ermöglicht hätte. Doch Wilhelm Conrad fiel durch. Verzweifelt suchte er nach einer Zukunftsperspektive. Was sollte aus ihm werden?

Seine Eltern waren nicht minder ratlos. Ihr Sohn schien haltlos, ihm fehlte jede berufliche Zielrichtung. So rieten sie ihm schließlich dazu, als Gasthörer Kurse der Universität zu belegen. Vielleicht würde sich ja dabei ein besonderes Interesse herauskristallisieren.

Wilhelm Conrad probierte es mit Zoologie und Latein, mit Mathematik und Griechisch, mit Botanik und Physik. Dann endlich, er war inzwischen zwanzig Jahre alt, wusste er, was er machen wollte. Er entschied sich für Technik, das Fach der Zukunft!

Im Herbst 1865 schrieb er sich an der Hochschule von Zürich ein. Hier wurde kein Abschlusszeugnis verlangt, eine kurze Aufnahmeprüfung reichte aus. Und die bestand der hochmotivierte Wilhelm Conrad jetzt mit Bravour. Drei Jahre später war er diplomierter Maschinenbauingenieur. Der Ehrgeiz hatte ihn gepackt, er schloss noch ein Physikstudium an und promovierte schließlich in diesem Fach. Seine Zukunft sah er jetzt in der Wissenschaft. Er arbeitete zunächst an der Universität Würzburg, doch dort verweigerte man ihm den weiteren Aufstieg aufgrund des fehlenden Abiturs. So zog er nach Straßburg weiter, wo man es damit nicht so genau nahm. Wilhelm Conrad Röntgen wurde dort außerordentlicher Professor der Universität. Nach einem Intermezzo in Gießen berief man ihn zurück nach Würzburg. Offensichtlich hatten die dortigen Gelehrten inzwischen erkannt, dass man die Größe eines wissenschaftlichen Talents nicht unbedingt nur am erfolgreich abgelegten Abitur ausmachen kann.

Schon seit Jahren hatte sich Wilhelm Conrad Röntgen mit Licht und Strahlung beschäftigt. Während seiner komplexen Experimente stieß er in Würzburg rein zufällig auf unbekannte Strahlen, die im elektromagnetischen Spektrum zwischen ultraviolettem Licht und den Gammastrahlen lagen. Diese geheimnisvollen Strahlen vermochten die Haut zu durchdringen und darunterliegende feste Materie zu enthüllen. Eine Sensation!

Röntgen taufte seine Neuentdeckung X-Strahlen. Er war ein introvertierter Mensch, dem jede Art von öffentlicher Aufmerksamkeit zuwider war. Deshalb wehrte er sich entschieden dagegen, dass seine begeisterten Kollegen bald nur noch von „Röntgen-Strahlen“ sprachen. Er legte sogar testamentarisch fest, dass seine Entdeckung ausschließlich als „X-Strahlen“ zu bezeichnen sei. Vergebens. Nur im nicht deutschsprachigen Raum erfüllte sich sein Wunsch.

Die Röntgenstrahlen revolutionierten die Medizin. Und weil ihre fantastischen Enthüllungen des Körperinneren für jedermann erkennbar waren, verbreitete sich die Neuigkeit von den Wunderstrahlen wie ein Lauffeuer auch unter medizinischen Laien. Röntgens Entdeckung war bahnbrechend für die weitere Forschung. Dass Röntgenstrahlen ionisierend wirken, dadurch das Gewebe schädigen und letztlich Krebs verursachen können, hat man erst lange Zeit später herausgefunden.

Röntgen wechselte an die Universität München. 1901 wurde ihm als welterstem Wissenschaftler der Nobelpreis für Physik verliehen. Das Preisgeld spendete er an die Universität Würzburg. Denn inzwischen war er nicht nur berühmt, sondern auch reich geworden, und das, obwohl er auf eine Patentierung seiner Entdeckung verzichtet hatte. Er war nämlich der Ansicht, sie müsse der Allgemeinheit gehören. Sein Vermögen verlor Röntgen durch die Inflation nach dem Ersten Weltkrieg, doch als emeritierter Professor verfügte er über eine stattliche Pension. Er starb 1923 in München an Darmkrebs, alle wissenschaftlichen Aufzeichnungen wurden gemäß seiner testamentarischen Verfügung vernichtet.

Auf diese potenziellen Exponate muss das Röntgen-Museum in Remscheid-Lennep also verzichten. Trotzdem gibt es hier noch genügend Apparate, Versuchsaufbauten und Erinnerungsstücke, die das Wirken Wilhelm Conrad Röntgens veranschaulichen. Man erreicht das Museum nach einem nur zweiminütigen Spaziergang von Röntgens Geburtshaus aus, dessen Renovierung dank der vielen Spenden von Röntgen-Fans aus aller Welt erfolgte. Der Weg führt durch die kreisförmig angelegte Altstadt von

Lennep. 1746 wurde sie bei einem Großbrand fast vollständig zerstört. Danach entstanden schmucke Neubauten, die bis heute erhalten geblieben sind, viele davon im Stil des „Bergischen Barock". Röntgens Geburtshaus ist in den Achtzigerjahren des 18. Jahrhunderts errichtet worden. 116 Häuser im Stadtkern von Lennep stehen unter Denkmalschutz, sie machen die Geburtsstadt Wilhelm Conrad Röntgens zu einem Kleinod bergischer Baukunst, in dem die Atmosphäre jener Zeit bis heute überdauert hat.

Bergischer Apfelpudding

Zutaten für 4 Personen: *8 Äpfel, 100 g Rosinen, 80 g Rohrzucker, 50 g Zucker, 750 ml Milch, 4 Eier, 100 g Mandelsplitter, 1 Vanilleschote, 60 g Stärkemehl, 1 Tl. gemahlener Zimt, Salz*

Zubereitung: *Die Äpfel schälen, entkernen und in Scheiben schneiden. Zusammen mit Rohrzucker, Zimt und Rosinen in ganz wenig Wasser garen und dann in eine Schüssel geben. Ein paar Löffel von der Milch in einen Schüttelbecher geben und mit dem Stärkemehl gut verquirlen. Die restliche Milch mit dem Zucker und den Mandeln in einem Topf aufsetzen. Die Vanilleschote auskratzen und sodann Mark und Schote zur Milch geben. Nun die Stärkemehlmischung unterrühren und alles unter Rühren kurz aufkochen lassen.*

Die Eier in Eigelb und Eiweiß trennen und die Eiweiß mit einer Prise Salz sehr steif schlagen. Die Milch vom Herd nehmen, die Vanilleschote entfernen und mit dem Schneebesen die Eigelb unterziehen. Abkühlen lassen, dann das Eiweiß unterheben und die Masse über dem Apfel-Rosinen-Kompott verteilen.

Mit Volldampf durchs Bergische – die Wiehltalbahn

Als ich noch ein ganz kleines Mädchen war, wohnten meine Großeltern in Wuppertal-Oberbarmen. Das Haus lag am Berghang, und unten durchs Tal verlief die Eisenbahnstrecke. Wenn ich zu Besuch kam, dann machte mein Großvater stets einen Spaziergang mit mir. Er setzte seinen grauen Hut auf, nahm seinen Spazierstock in die eine Hand und mich an die andere.

Dann marschierten wir die baumgesäumte Straße entlang, die zu einer Brücke über die Eisenbahnstrecke führte. Meine Aufregung wuchs, denn ich wusste genau, was mich erwartete: die Begegnung mit dem dampfenden Drachen! Auf der Brücke blieben wir hoch über den Schienen stehen. In der Ferne sah ich schon die Rauchwolke, ich hörte das näherkommende Stampfen und Rattern. Endlich erspähte ich das schwarze Ungetüm mit seinen leuchtenden Augen. Schnell, immer schneller kam es näher, wurde größer und größer. Dann stieß es einen heisereren Pfiff aus, ganz als wolle es mir einen knappen Gruß zukommen lassen, und schon zog es mit großem Getöse unter der Brücke hindurch. Im gleichen Moment umhüllte meinen Großvater und mich eine weiße Dampfwolke, die Welt verschwand für einen Augenblick im Atemhauch des eisernen Wesens. Die Dampflokomotive erschien mir wie ein Drache aus Michael Endes Geschichte von Jim Knopf.

Als sei sie verdammt dazu, beharrlich, zielgerichtet und unnahbar ihren Dienst zu tun, und doch von einer geheimnisvollen inneren Kraft beseelt, von der niemand ahnen konnte, wann sie zum Ausbruch kommen würde. Es waren Momente, denen eine einzigartige Magie innewohnte.

Aber dann wurden die Dampfrösser von Dieselloks abgelöst, von Elektroloks und Hochgeschwindigkeitszügen, und am Ende kamen die Bahnstreiks. Scheinbar hatte alle Romantik die Welt der Eisenbahn endgültig verlassen.

Endgültig? Aber nicht bei uns im Oberbergischen!

Ich kann mein Glück gar nicht fassen. Begeistert lehne ich mich aus dem Fenster und winke denen zu, die mit staunenden Gesichtern entlang der Strecke stehen. Der Fahrtwind zerzaust mein Haar, der Ruß, den die Lokomotive zusammen mit ihrem Rauch ausstößt, verfängt sich darin. Es ist mir völlig gleichgültig, denn ich bin auf einer Zeitreise, die mich direkt zurück in meine Kindheit führt. Nur ist es kein monströser schwarzer Drache, der den kleinen Zug hinter sich herzieht, vielmehr scheint es die wahrhaftige Lokomotive Emma zu sein! Fast warte ich darauf, dass Jim Kopf persönlich seinen Kopf vorwitzig aus ihrem Führerhaus herausstreckt, während der gemütliche Lukas zufrieden grinsend die Dampfpfeife betätigt.

Die kunstlederbezogenen Bänke im spartanisch ausgestatteten Personenwaggon, die knarzenden Übergänge zwischen den einzelnen Wagen, die kleinen Schilder mit bürokratisch trockenen Hinweisen, die mit Wörtern wie

„Behelfsabort“ so merkwürdig aus der Zeit gefallen sind. Der freundliche Schaffner locht meine kleine braune Papp-Fahrkarte, er trägt eine blaue Uniform mit diagonal über die Brust gespanntem leuchtend rotem Riemen, ganz so, wie es damals gewesen ist. Dann rattern wir im Zockeltempo durch die bergische Landschaft dahin. Hügel, Wälder und Wiesen ziehen an uns vorbei, und wenn die Schienen eine Straße kreuzen, müssen wir erst einmal anhalten. Ein Zugbegleiter steigt nun aus und regelt den Verkehr. Denn kein Autofahrer rechnet hier noch ernsthaft damit, einem ausgewachsenen Zug zu begegnen.

Die Kleinbahnstrecken im Bergischen Land sind nämlich längst Geschichte. Die meisten Schienenstränge wurden abgerissen, und nur mancherorts führen Wege entlang der alten Trassen und erinnern an die vergangenen Tage, als noch kleine, kraftvolle Lokomotiven durch unser Hügelland schnauften und Menschen oder andere Lasten hinter sich herzogen.

Es war eine Revolution. Mit einem Mal wurden Reisen und Transporte so unfassbar bequem! In einem gewaltigen Kraftakt hat man damals neue Schienenwege kreuz und quer durch das Land gezogen. Die Eisenbahn galt als Arbeitgeber der Zukunft, krisenfest und beständig expandierend. Was konnte es Besseres geben? Überall entstanden Bahnstationen, und mein Urgroßvater übernahm eine davon, um dort als Bahnhofsvorsteher seinen Dienst zu tun.

Den Oberbergischen Kreis erschloss die Aggertalbahn als Zubringer. Mit ihrer Hilfe ließ sich jetzt im Handumdrehen die Grauwacke abtransportieren, die in den rheinischen Städten so gefragt war. Entlang der Strecke entstanden zahlreiche neue Steinbrüche. Von Meinerzhagen führten die Gleise über Gummersbach und Engelskirchen bis nach Köln, und in Dieringhausen zweigte eine Kleinbahn als Querverbindung ab, die durch das Wiehltal nach Waldbröl führte. Von dort ging es mit der Staatsbahn über Morsbach weiter in Richtung Wissen oder nach Hennef an der Sieg. Wie auf einer Ameisenstraße ratterten hier die Güterzüge entlang, und etliche Pendler nutzten das hochmoderne Verkehrsmittel, um zu entfernt gelegenen Arbeitsplätzen zu gelangen.

Trotzdem war der Personenverkehr im Gegensatz zum lukrativen Gütertransport ein Stiefkind der neuen Bahn. Als mein Urgroßvater die Bahnstation von Volperhausen im Tal der Wisser übernahm, wurde meine 1914 geborene Großtante in der benachbarten Stadt Wissen eingeschult. Wissen lag zwar in Rheinland-Pfalz und gehörte damit nicht mehr zum Bergischen Land, aber die Stadt befand sich nur rund neun Kilometer von Volperhausen entfernt. Doch neun Kilometer sind ein weiter Weg für ein kleines Mädchen. Obwohl die Bahnstrecke direkt über Volperhausen nach Wissen führte, gab es hier damals dennoch keinen Personenzug, der ihr den Schulweg erleichtert hätte. So machte mein Urgroßvater einen Deal mit einem befreundeten Güterzugführer, der allmorgendlich mit seinem Steintransport vorbeikam. Er hielt nun stets kurz an und nahm die Kleine mit sich nach Wissen zur Schule, und am Nachmittag brachte er sie auf seiner Rückfahrt zum Steinbruch wieder heim nach Volperhausen. Ein Service, der heutzutage kaum noch vorstellbar wäre.

Besonders komfortabel war das Reisen mit der Bahn damals nicht. Dann, nach dem Zweiten Weltkrieg, sank das Interesse an Bruchstein. Die zerstörten Städte mussten schnell wieder aufgebaut werden, dafür wurde nach billigem Baumaterial verlangt. Die bergische Grauwacke kostete aber viel zu viel Geld, der Stern der Steinbruchindustrie sank. Und schon bald darauf trat das Auto seinen Siegeszug an. Wer wollte jetzt noch mit den unbequemen Zügen fahren? Wo doch die Bahnhöfe oft abseits lagen, die Waggons schmuddelig und schäbig waren, die Reise viel zu lange dauerte und zudem auch ziemlich teuer war?

So verschwanden die Bahnstrecken seit den Fünfzigerjahren allmählich wieder. Nur die Gleise der Aggertalbahn blieben erhalten. Noch immer rollen auf ihnen die Nahverkehrszüge von Köln ins Bergische Land und zurück.

Die Kleinbahnstrecken dagegen wurden demontiert. Nur die Wiehltalbahn zwischen Dieringhausen und Waldbröl nutzte man zumindest noch gelegentlich für den Gütertransport. Doch wirklich lohnend war das nicht, und so legte man auch diese Verbindung in den Neunzigerjahren letztendlich still.

Nun gab es aber einige Eisenbahnfreunde, die sich mit viel Herzblut für ihr Hobby engagierten. Dieringhausen hatte als wichtiger Bahnknotenpunkt im Jahr 1905 ein Bahnbetriebswerk erhalten, das Anfang der Achtzigerjahre mangels weiteren Bedarfs geschlossen wurde. Da formierten sich die Eisenbahnfans zu einem Verein und wandelten das alte Betriebswerk in ein Eisenbahnmuseum um. Hier zeigen sie nun interessierten Besuchern, wie das Bahnfahren in längst vergangenen Zeiten vonstattengegangen ist.

Das Verschwinden der Wiehltalbahn wollten diese Hobbyeisenbahner nun nicht einfach hinnehmen. So gründeten sie flugs noch einen weiteren Verein und pachteten die Strecke 1998 von der Deutschen Bahn. Acht Jahre später jedoch verkaufte die Bahn die entsprechenden Abschnitte jeweils an die Kommunen Wiehl, Waldbröl, Morsbach und Reichshof.

Das führte zu bösen Verwicklungen. Die Verantwortlichen im nordrhein-westfälischen Verkehrsministerium und in den Kommunen sahen überhaupt nicht ein, dass die vermeintlich völlig sinnlose Bahnstrecke jetzt noch weiter erhalten bleiben sollte. Der Verkehrsminister beschimpfte die Wiehltalbahn sogar als „Treppenwitz". Auf ihrer Trasse könnte man doch schöne neue Straßen bauen! Auch mehrere Industriebetriebe am Rand der Strecke stimmten dem zu. Zwar waren sie selbst einst Profiteure der Bahn gewesen, doch wollten sie nun den durch die Schienen beanspruchten Platz lieber für andere Zwecke nutzen. Es kam zu erbitterten Rechtsstreitigkeiten, die zahlreiche Gerichtsverhandlungen nach sich zogen. Die Winkelzüge waren so spitzfindig und die rechtliche Situation erwies sich als so komplex, dass sie sich dem Laien kaum erschließt. Doch nach langem Tauziehen siegten im Jahr 2009 schließlich die Freunde der Bahn. Sie erhielten eine gerichtliche Betriebsgenehmigung, die eine Gültigkeit bis ins Jahr 2056 hat.

Und daraus wurde jetzt etwas gemacht! Männer, die als kleine Jungs davon geträumt hatten, Lokomotivführer zu werden, und sehnsuchtsvoll die kleine Modellbahn betrachtet hatten, die ihre Kreise unter dem Weihnachtsbaum zog, setzten entschlossene Mienen auf und sagten sich: „Don't dream it – be it!"

Es ist kaum vorstellbar, wieviel Zeit, Geld und Mühe sie im Laufe der Jahre in ihre Leidenschaft investiert haben. Ihr Glück war es, dass eine der beiden Dampfpioniere der Wiehltalbahn die Zeit überdauert hatte. Die Lokomotive „Waldbröl", die 1915 ihren Dienst antrat und 1966 aus dem Verkehr gezogen wurde, war der Verschrottung entgangen. Stattdessen fand sie einen Platz vor der Nümbrechter Gaststätte Parkschlösschen, wo sie zu Dekorationszwecken und als Klettergestell für Kinder diente. Jahrelang vergammelte sie hier vor sich hin, und als das Parkschlösschen schließlich schloss, kauften die Eisenbahnenthusiasten die rostige alte Maschine und schafften sie nach Dieringhausen ins Eisenbahnmuseum. Zwanzig Jahre lang schraubten, schweißten und werkelten sie an der „Waldbröl" herum, und 2008 war es endlich so weit: Die „Waldbröl" schnaufte wieder! Und nicht nur das, zwei Jahre später nahm sie im Rahmen des nach dem Wappentier der Grafen von Berg benannten Projekts „Bergischer Löwe" sogar wieder regelmäßige Fahrten auf. An den Betriebstagen in den Sommermonaten und in der Vorweihnachtszeit rattert sie nun stampfend und qualmend unter dem Motto „Zugkraft trifft Landschaft" von Dieringhausen nach Wiehl. Und wir Fahrgäste lassen uns dabei nur zu gerne von der Begeisterung der Eisenbahner anstecken, die unsere Reise durch ihre ehrenamtliche Arbeit ermöglichen. Wir sitzen in „Donnerbüchsen", uralten Personenwagen mit offenen Übergängen.

Am liebsten stehe ich auf so einem Übergang draußen zwischen zwei Waggons und lasse mir Qualm und Fahrtwind um die Nase wehen. Ich schließe kurz die Augen und atme tief ein. Dann spüre ich den Ruß in der Luft und fühle mich wieder ganz wie damals als kleines Mädchen, als ich mit meinem Großvater in Oberbarmen auf der Brücke über der Eisenbahn stand.

Pillekuchen mit Endiviensalat

Zutaten: *8 recht große Kartoffeln, 3 Zwiebeln, 4 Eier, 200 ml Milch, 150 g gewürfelter Speck, 150 g Mehl, 1 kl. Bund Blattpetersilie, 1 Bund Schnittlauch, 1 Kopf Endiviensalat, 70 ml Speiseöl, 30 ml Apfelessig, Zucker, Margarine, Paprikapulver, Salz, Pfeffer*

Zubereitung: *Die Kartoffeln schälen und fein in eine Schüssel reiben. Die Kartoffelmasse mit einem Suppenlöffel zusammendrücken und die dabei in den Löffel laufende Flüssigkeit entfernen. Die Zwiebeln schälen und fein würfeln. 2 El davon für den Endiviensalat beiseitestellen. In einer großen Pfanne ca. 2 El Margarine erhitzen. Speck und übrige Zwiebeln hineingeben und glasig anbraten. Dann die Kartoffelmasse hinzugeben und bei mittlerer Hitze ca. 10 Minuten lang dünsten. Dabei mit Salz, Pfeffer und Paprika würzen. Anschließend vom Herd nehmen und abkühlen lassen.*

Die Petersilienblättchen abzupfen und fein hacken. Schnittlauch in kleine Röllchen schneiden. In einer Schüssel das Mehl, die Milch und die Eier gut miteinander verquirlen, mit Salz und Pfeffer würzen und die Kräuter hinzugeben. Zum Schluss die kalte Kartoffelmasse unterrühren und den Teig 30 Minuten lang quellen lassen.

Nun in einer Pfanne wieder ca. 2 El Margarine schmelzen lassen, ¼ der Pillekuchenmasse hinzufügen und von beiden Seiten goldbraun backen. Im Backofen warm halten und mit dem restlichen Teig genauso verfahren, bis 4 Pillekuchen gebacken sind.

Den Endiviensalat verlesen, waschen und trocken schleudern, dann die Blätter zusammenlegen und in feine Streifen schneiden. Speiseöl und Apfelessig miteinander vermischen, mit Salz, Pfeffer und etwas Zucker abschmecken, die beiseitegestellten Zwiebeln und den Salat hinzugeben und alles gut miteinander vermischen.

Die Pillekuchen zusammen mit dem Salat servieren.

Ein Brief aus Damaskus – wie die Kunst der Klingenschmiede nach Solingen kam

Im Mittelalter entdeckten die Einwohner von Solingen einen neuen Wirtschaftszweig. Die bergischen Hügel lieferten ihnen Eisenerz und die zahlreichen Flüsse und Bäche die nötige Energie, um dieses zu verarbeiten. Direkt vor ihrer Haustür lag Köln, damals nicht nur eine mächtige Handelsmetropole, sondern auch die größte Stadt des deutschsprachigen Raums. Ein riesiger Markt für die Solinger Handwerker, sofern sie nur die richtigen Waren anbieten würden!

Wonach verlangten die Menschen schon immer? Nach Waffen! So verlegten sich die Solinger auf die Kunst der Waffenschmiede. Über viele Jahrhunderte hinweg verfeinerten sie beständig ihr Wissen. Schwerter aus Solingen waren hochgefragte Qualitätsprodukte.

Doch eine Sache war äußerst ärgerlich. Zurückkehrende Kreuzritter berichteten Unglaubliches über die Säbel der orientalischen Krieger. Diese hatten ein filigranes Wellenmuster, waren extrem scharf, biegsam und zudem bruchfest. Mit der verheerenden Wirkung dieser Säbel hatten sie auf ihren Kreuzzügen bittere Erfahrungen machen müssen. Sie wussten nicht viel über das Geheimnis dieser Waffen, nur dass sie aus Damaszener Stahl hergestellt wurden. Die syrische Stadt Damaskus war Dreh- und Angelpunkt des orientalischen Waffenhandels jener Zeit.

Ach, könnte man doch dem Geheimnis der Damaszener auf die Schliche kommen! Der Solinger Waffenschmied Ruthard zerbrach sich den Kopf. Er hatte schon viel von der wundersamen Waffe aus Arabien gehört, und nun führte ihm ein Kunde wahrhaftig solch einen Degen vor! Der Mann war als Kreuzritter im Nahen Osten gewesen und hatte die Waffe von einem Feind erbeuten können. Der silberne Stahl glänzte im Sonnenlicht und warf ein wunderschön gewelltes Muster. Es musste ein sonderbares, seltenes Erz sein, aus dem diese Klinge gefertigt wurde, und auch das Herstellungsverfahren selbst war wohl äußerst kompliziert. Ruthard staunte nicht schlecht, als der Ritter vor seinen Augen ein hauchdünnes Seidentuch in der Luft damit zerschnitt. Dagegen waren seine eigenen Waffen nichts als grobe, stumpfe Metallklötze.

Ruthard ärgerte sich schwarz, doch er fand keine Lösung für sein Problem. Da sprach ihn eines Abends sein Geselle an. Der junge Mann hatte sich in Ruthards schöne Tochter verguckt und bat seinen Meister nun um deren Hand. Ein mittelloser Geselle? Ruthard legte die Stirn in Falten. Das wollte er nicht so einfach hinnehmen, und deshalb knüpfte er sein Einverständnis an eine Bedingung: Der Geselle möge zuerst ausziehen und das Geheimnis der Damaszener Klingen ergründen. Am besten reise er gleich nach Damaskus und verdinge sich dort bei einem Waffenschmied. So habe er die beste Gelegenheit, die Kunstfertigkeit der Damaszener zu erlernen. Anschließend könne er wieder zurückkehren, Ruthard sei dann nur zu gerne dazu bereit, die Hochzeit auszurichten.

Der Bursche erschrak zunächst. Welch eine Herausforderung war es für den unerfahrenen Jüngling, ins feindliche Reich der Moslems zu ziehen! Doch er liebte Ruthards Tochter aufrichtig, und so fasste er sich schließlich ein Herz und entschied, die Reise zu wagen. Er packte sein Bündel und marschierte durch die Hügelwelt des Bergischen Landes, immer nach Südosten gerichtet, dorthin, wo er die Stadt Damaskus vermutete.

Als es dunkelte, erreichte er eine verfallene Kate, die verborgen im niedrigen Holundergebüsch an einem Bachlauf stand. Weil er auf ein Nachtquartier hoffte, klopfte er an die morsche Tür. Ein altes Weib öffnete ihm, gebeugt und runzlig, angetan mit alten Lumpen. Doch sie lud ihn recht freundlich zum Bleiben ein und servierte ihm als bescheidenes Nachtmahl einen Haferbrei. Während des Essens erzählte er der Alten vom Grund seiner Reise. Später wies sie ihm ein Lager aus Laub in einer Ecke neben dem Herdfeuer zu. Erschöpft von der Wanderung schlief der Bursche rasch ein.

Um Mitternacht schrak er hoch. Ein fürchterliches Poltern hatte ihn aus dem Schlaf gerissen. Alsbald vernahm er, dass die Alte vor der Hütte leise raunend mit jemandem sprach. Er schlich an das niedrige Fenster in der dürren Bretterwand und erspähte bei der Alten einen prächtig herausgeputzten Mann, mit rotem Wams und hohem Hut, auf dem eine Hahnenfeder steckte. Dann plötzlich wandte sich die Alte zur Haustüre. Hastig stürzte der Bursche auf sein Lager zurück und stellte sich schlafend.

Sie schlurfte in die Stube hinein, trat zu ihm und rüttelte ihn an der Schulter. „Bursche, wach auf", krächzte sie. „Da ist einer, der dich die Kunst der Damaszener lehren will!" Mit einem Satz sprang der junge Mann von seinem Lager hoch. Konnte das möglich sein? Sein Herz schlug aufgeregt vor Freude, und vor Erwartung bebend trat er zu dem Mann mit der Hahnenfeder. Dieser musterte ihn zunächst kühl von oben bis unten. Dann lächelte er süffisant. „Du begehrst die Kunst der Damaszener zu ergründen", sagte er gedehnt, „nun, so will ich sie dich lehren." Er hielt kurz inne und fuhr sodann mit gesenkter Stimme fort: „Doch umsonst tue ich nichts. Du sollst mir einen Vertrag unterschreiben, mit dem du mir dich selbst verschreibst. Sieben Jahre und sieben Monate, nachdem du dein erstes Schwert auf Damaszenerart geschmiedet hast, sollst du mein Eigentum sein." Mit diesen Worten zog er die Feder von seinem Hut und tauchte sie in eine brodelnde Flüssigkeit, welche die Alte derweil bereitgestellt hatte. Dann reichte er die Feder zusammen mit einem Schriftstück an den jungen Mann.

Was sollte der Bursche nun tun? Sieben Jahre und sieben Monate erscheinen einem jungen Menschen als lange Zeitspanne, und findet nicht das Leben hier und jetzt statt? Wer weiß, was schon der nächste Tag bringen mag, dachte der Geselle, gab sich einen Ruck und unterschrieb. Der fremde Mann überreichte ihm im Gegenzug einen dicken Umschlag, der ein rotes Siegel trug. Darin, so verkündete er, sei die genaue Anleitung, anhand derer man Klingen fertigen könne, die womöglich noch besser als die der Damaszener seien. Daraufhin wandte er sich ab und verschwand im Dunkel des Holundergebüschs. Der junge Mann blickte ihm eine Weile in der Finsternis der Nacht hinterher, dann legte sich wieder auf sein Lager und schlief schnell wieder ein.

Als er am anderen Morgen erwachte, fand er die Hütte leer. Neben ihm lag der versiegelte Brief. Da erinnerte er sich an die nächtlichen Geschehnisse, beklommen machte er sich auf den Rückweg nach Solingen. Meister Ruthard staunte nicht schlecht, seinen Lehrjungen schon so bald wiederzusehen. Doch erschrak er zutiefst, als der Bursche ihm von seiner unheimlichen Begegnung berichtete. „Nein“, sprach Ruthard, „diesen Preis ist keine Klinge wert.“ So verbarg er den unheilbringenden Brief im Geheimfach eines Schrankes und gab dem todesmutigen Jüngling seine Tochter dennoch zur Frau.

Viele Jahre vergingen. Längst waren Ruthard, seine Tochter und sein Schwiegersohn gestorben. Da entdeckte eines Tages einer ihrer Urenkel den versiegelten Brief in dessen Versteck. Er brach das Siegel und enthüllte so die teuflische Kunst der Waffenschmiede. Weil er ein anständiger Mensch war, teilte er sein Wissen mit den anderen

Solinger Schmieden, und so kommt es, dass in Solingen die besten Klingen nördlich von Damaskus geschmiedet werden.

Ob es sich wirklich so zugetragen hat? Zumindest weiß die alte Sage davon zu berichten. Ich muss gestehen, dass ich sie in meinem Schulheft aus der vierten Grundschulklasse entdeckt habe. Die düster-romantische Geschichte hat mich damals sehr beeindruckt, doch in Wirklichkeit muss es wohl anders gewesen sein.

Denn die Technik zur Herstellung der mysteriösen Damaszenerschwerter stammte aus Indien. Die alte Kunst ist dort im 18. Jahrhundert verlorengegangen. Forscher haben festgestellt, dass eine besondere chemische Zusammensetzung des Ausgangsmaterials und ein langwieriges Herstellungsverfahren zum Entstehen winzigster Metallfädchen führen. Deren Größe bewegt sich im Nanobereich, als superkleine Zähne machen sie die Schneide extrem scharf und schärfen sie zudem beim Gebrauch jedes Mal aufs Neue ganz von alleine.

Solinger Handwerker hatten keine Chance, diese Schneiden nachzuschmieden, denn ihnen fehlte der Zugriff auf das erforderliche Erz. Doch auch mit dem bergischen Eisen und dem Schatz ihrer langjährigen Erfahrung gelang ihnen die Herstellung leidlich guter Klingen. Schon im 17. Jahrhundert galt der eingravierte Ursprungsnachweis „me fecit Solingen“ – „mich fertigte Solingen“ als Beweis für beste Qualität. Solinger Klingen waren schon damals in ganz Mitteleuropa äußerst begehrte Waren. Und noch heute werden in Solingen hochwertige Schneidwaren gefertigt. Neben den bekannten Großunternehmen haben sich viele kleinere Betriebe auf Nischenprodukte spezialisiert, so gibt es Hersteller von Friseurscheren, Rasiermessern oder Gerätschaften für die Maniküre, von Taschenmessern, Industrieklingen, Bestecken, Handwaffen oder Küchenmessern. Das Klingenmuseum im Stadtteil Gräfrath erzählt vom Weg der Klingenschmiedekunst durch die Jahrhunderte. Ein ehemals versiegelter Brief unbekannter Herkunft ist aber meines Wissens nicht dort ausgestellt.

Milchreis

Zutaten für 4 Personen: *250 g Milchreis, 1 l Milch, 200 ml Sahne, 50 g Rohrzucker, 1 Prise Salz, Zimt und Zucker nach Geschmack*

Zubereitung: *Die Milch in einen Topf schütten, den Reis hinzugeben und unter ständigem Rühren aufkochen lassen. Mit dem Rohrzucker und einer Prise Salz würzen, die Hitze stark reduzieren und das Ganze 1 Stunde lang bei sehr schwacher Hitze ziehen lassen. Dabei immer wieder mit einem Holzlöffel umrühren, da der Reis sich schnell am Topfboden absetzt. Nach Ablauf der Zeit vom Herd nehmen und die Sahne unterrühren.*

Nach Geschmack mit Zucker und Zimt bestreuen. Milchreis passt auch gut zu Obstkompott. Im Bergischen gibt man ihn auf eine Waffel oder eine Scheibe Platz.

Der Komponist im Märchental – Engelbert Humperdinck

„Eine Hex', steinalt, haust tief im Wald, vom Teufel selber hat sie Gewalt…", trällere ich leise vor mich hin, während ich durch das verwunschene Märchental bei Marienberghausen streife. Hier, im Tal des Staffelbachs, denke ich an das alte Weib, zu dessen Kate der Schmiedegeselle aus Solingen einst gelangte. Aber vor allem denke ich an Engelbert Humperdinck. War es das urtümliche Dickicht dieses Tals, das ihn zur Melodie des Hexenliedes aus seiner berühmten Märchenoper „Hänsel und Gretel" inspirierte? Es heißt, dass er immer wieder ins Märchental wanderte, sich hier im Schatten der Bäume niederließ und komponierte. Damals wohnte Humperdinck im Haus der Bäuerin Willach, seiner Tante, die im kleinen Weiler Wolfscharre lebte, nur einen Hügel weiter südlich von hier. Er verbrachte dort in den Achtziger- und Neunzigerjahren des 19. Jahrhunderts regelmäßig seine Sommerferien.

Mein Vater hat mir schon vor vielen Jahren das schlichte Fachwerkhaus dieser Tante gezeigt. Mit schiefen Balken und den typischen Schieferplatten an der Wetterseite steht es auf einer Wiese, mit weiter Aussicht über die sanft gewellten Hügel, davor eine mächtige, uralte Linde. Mein Vater wusste sogar, welches der Fenster zu Humperdincks Zimmer gehörte. Ich war fasziniert. Schon im Alter von fünf Jahren durfte ich meine Großeltern einmal in

Wuppertal in Humperdincks romantische Oper begleiten. Seitdem habe ich noch viele Vorstellungen von „Hänsel und Gretel“ besucht, und jedes meiner Kinder habe ich gleich in eine Aufführung geschleppt, sobald es das fünfte Lebensjahr erreicht hatte. Ich kann wohl mit Fug und Recht behaupten, dass ich ein echter Fan bin. Was für ein schönes Privileg, dort wohnen zu dürfen, wo der große Komponist einst selbst gewirkt hat! Denn sowohl das Dörflein Wolfscharre als auch das Märchental gehören zur Gemeinde Nümbrecht. Und Wolfscharre liegt sogar nur einen etwas schwungvolleren Steinwurf weit von unserem eigenen Dorf entfernt.

Wandert man vom Märchental zurück nach Wolfscharre, so kommt man durch das hübsche Dorf Marienberghausen. Hier steht die weit über die Grenzen des Bergischen Landes hinaus bekannte „Bonte Kerke“ – „Bunte Kirche“, eine von fünfen, die es im Oberbergischen gibt. Im Inneren dieser Kirchen befinden sich spätgotische Fresken, die mehr als fünfhundert, manche sogar siebenhundert Jahre alt sind. In Marienberghausen zeigen die naiv anmutenden Wandgemälde unter anderem das Jüngste Gericht und den Kampf von Georg gegen den Drachen. Mit diesen Bildern sollte den einfachen Bauern, die weder lesen noch schreiben konnten, die biblische Geschichte nahegebracht werden. Man hat die Malereien erst vor rund hundert Jahren wiederentdeckt. Irgendwann hatten die machthabenden Grafen des Homburger Landes nämlich die strenge Calvinistische Lehre angenommen. Diese verlangte nach schlichten Gotteshäusern, die farbenfrohen Wandmalereien der spätmittelalterlichen Künstler passten nicht in das puristische Konzept. So wurden sie kurzerhand mit Kalk übertüncht. Heute hingegen erstrahlen die Seccomalereien wieder in alter Pracht, wenn auch ein wenig verblasst.

Ob Humperdinck von der Entdeckung der Fresken noch erfahren hat, weiß ich nicht. Er war 1854 in Siegburg geboren worden und starb im Jahr 1921. Ich kann auch nicht sagen, ob er sich für die Kirche von Marienberghausen überhaupt sonderlich interessiert hat. Ich weiß nicht, ob er ein religiöser Mensch gewesen ist, obwohl der von ihm so anrührend vertonte Segen „Abends, will ich schlafen gehn“ das eigentlich nahelegt.

Doch neben der Kirche von Marienberghausen lag schon damals die Gaststätte „Zur alten Post“, und hier war Engelbert Humperdinck Stammgast. Im Gastraum stand ein ziemlich heruntergekommenes Klavier, auf dem er auf seinem Rückweg nach Wolfscharre die Klänge auszuprobieren pflegte, die ihm im Märchental in den Sinn gekommen waren. Stunde um Stunde saß er hier, entlockte dem alten Instrument wundersame Weisen und trank dabei einen Kaffee oder ein Glas Bier.

Die Männer aus dem Dorf standen derweil oft am Tresen und lauschten gebannt. Später wussten sie zu erzählen, dass hier zum ersten Mal die Melodien erklangen, die um die Welt ziehen sollten. Humperdincks Schwester hatte ihn nämlich gebeten, ihr bei einer geplanten häuslichen Aufführung des Märchens der Gebrüder Grimm behilflich zu sein. Dazu hatte sie ein paar Zeilen verfasst, die ihr Bruder nun vertonen sollte.

Eigentlich war Humperdinck in jener Zeit ziemlich frustriert und verspürte gar keine rechte Lust zum Komponieren. Er verehrte Richard Wagner glühend und war diesem sogar bis nach Italien gefolgt, um ihn kennenzulernen. Wagner galt als Revolutionär der Musik, der sich souverän über althergebrachte Regeln hinwegsetzte. Das imponierte Humperdinck. Dem selbstgewissen Wagner hingegen, der zu jener Zeit schon ein alter Mann war, imponierte der junge Humperdinck. Deshalb stellte er ihn als seinen Assistenten ein.

Doch schon zwei Jahre später starb Wagner. Humperdinck blieb zu Tode betrübt zurück, ohne feste Arbeit und außerdem gebrandmarkt. Denn die nonkonformistischen „Wagnerianer“ waren in den konservativen Fachkreisen nicht gerade gut gelitten. Humperdinck jobbte als zweiter Kapellmeister an der Kölner Oper, verdingte sich als musikalischer Gesellschafter bei den Krupps in der Essener Villa Hügel, verdiente sich als Konzertkritiker bei der Bonner Zeitung etwas hinzu und arbeitete als Lektor in einem Musikverlag.

Zum Komponieren fehlte ihm die nötige Motivation. Doch den Wunsch nach ein paar Liedchen konnte er seiner Schwester schwerlich abschlagen.

So sammelte er Inspirationen in der stillen Natur des Märchentals. Später dann, am Klavier in der Marienberghausener Kneipe, probierte er die Melodien aus. Er spielte den dramatischen Hexenritt und den zauberhaften Abendsegen. Es heißt, dass hier zum allerersten Mal „Brüderchen, komm tanz mit mir" erklang, das später wie so viele Weisen aus seiner Oper zum Volkslied avancieren sollte. Tatsächlich denkt man ja immer, dass Humperdinck sich für „Hänsel und Gretel" zahlreicher Volkslieder bedient hat, dabei sind es nicht mehr als drei gewesen. Alle anderen Melodien stammen aus Humperdincks Feder und wurden erst später populär.

Humperdinck war ein verträumter, in sich gekehrter Mensch. Besonders, wenn er vom Geist des musikalischen Schaffens ergriffen war, entschwand für ihn die reale Welt. Sein Äußeres war ihm dann völlig gleichgültig, mitunter vergaß er, seine Schuhe zu binden, oder begab sich sogar in Pantoffeln auf Wanderschaft. Dann hielt er vor alten Bäumen inne und lauschte dem Rauschen in ihren Wipfeln, als könne es ihm eine Melodie einflüstern. Er schloss die Augen und streichelte gedankenversunken die raue Rinde, als wolle er Zwiesprache mit dem Baum halten. Seinen Zeitgenossen muss er recht kauzig erschienen sein.

Humperdinck hatte einen Schüler, der ihn bisweilen in Marienberghausen besuchte. Dieser überlegte sich eines Tages, einen Schabernack mit dem Traumtänzer zu treiben. Als Humperdinck wieder einmal eine neue Komposition auf dem alten Klavier ausprobierte, schrieb der Schüler heimlich die Noten mit und brachte sie zu einem Trompetenspieler, der im Dorf wohnte. Dieser studierte flugs die neue Weise ein, baute sich dann gegenüber der Kneipe auf und ließ die Melodie erklingen. Es heißt, dass Humperdinck zutiefst erschrak und sich fürchterlich über den Diebstahl erzürnte. Doch besänftigte er sich schnell wieder, als er die Sache als bloßen Spaß erkannte. Und die Dörfler verziehen Humperdinck seine weltfremde Schrulligkeit. Sie packten sogar das alte Klavier auf einen Karren und schafften es nach Wolfscharre, um ihn zu überraschen. Hier versammelten sie sich sodann unter der großen Linde, und während Humperdinck in die Tasten griff, tanzte die Dorfjugend ausgelassen zu den Klängen des Meisters. Es war ein rauschendes Fest, und es sollte auch der Vorbote besserer Tage sein.

Die häusliche Aufführung von „Hänsel und Gretel" geriet zu einem großen Erfolg. So raffte sich Humperdinck dazu auf, ein vollständiges, durchkomponiertes Singspiel aus den Liedern zu erschaffen. Im Dezember 1893 wurde „Hänsel und Gretel" in Weimar uraufgeführt, als Dirigent stand der legendäre Richard Strauss am Pult. Der Erfolg war sensationell, Humperdinck war ein gemachter Mann.

Nun war er endlich wieder zum Komponieren beflügelt, und er ließ sich auch weiterhin von seinem geliebten Märchental zu Melodien inspirieren. So entstand in den folgenden Jahren die Oper „Königskinder", die allerdings wegen ihrer melodramatisch überzogenen Musik und der schwülstigen Texte des Librettos nur auf sehr verhaltene Gegenliebe stieß.

Vielleicht hat die Schönheit der Nümbrechter Landschaft den Komponisten einfach zu sehr berauscht, und er hat sich von seinem romantischen Hochgefühl davontragen lassen. Von den Höhen Marienberghausens hat er in die endlose Weite der bergischen Hügelwelt geblickt, während der Himmel sich über ihm abendrot verfärbte, vom Turm der Bonten Kerke die Abendglocken erklangen und zwischen den Baumwipfeln in der Ferne das malerische Schloss Homburg wie ein verwunschenes Märchenschloss hervorragte. Wer könnte es ihm verdenken?

Aufgesetzter

Zutaten: *200 g Brombeeren, 150 g Kandiszucker, 1 Flasche Korn*
Zubereitung: *Die Brombeeren im Wald sammeln, verlesen, waschen und auf Küchenkrepp trocknen lassen. Sodann in eine leere 1-Liter-Glasflasche füllen. Den Kandiszucker daraufgeben und zuletzt den Korn darübergießen. Einige Wochen lang auf der Fensterbank mit Sonneneinstrahlung stehenlassen, währenddessen ab und zu schütteln. Dann genießen.*

Funktioniert auch mit roten oder schwarzen Johannisbeeren.

Meine Großmutter pflegte Wilhelm Busch zu zitieren: „Es ist ein Brauch von alters her: Wer Sorgen hat, hat auch Likör.“

Balken und Lehm, Stein und Beton - Bauten im Bergischen

Das klassische bergische Haus ist ein Fachwerkhaus. Zwischen den Holzbalken des Ständerwerks ist ein Lehmgefache eingebracht, in der Vergangenheit wurde dieses nicht verputzt, weil meist das Geld für solchen Luxus fehlte. So schmiegte sich das bergische Haus in schlichten Erdtönen unauffällig in die Landschaft.

Diese Zeit ist allerdings längst vorbei. Heute präsentiert sich das klassische bergische Fachwerkhaus mit scharfem Kontrast zwischen schwarz gestrichenem Ständerwerk und weiß verputztem Lehmgefache, Tür- und Fensterlaibungen sind ebenfalls weiß angemalt, Haustüren und Fensterläden hingegen in einem typischen kräftigen Grünton. Die Dorfhäuser haben oftmals noch ein spezielles kleines Fensterchen neben der Haustür, das dem kurzen, unverbindlichen Plausch mit den Nachbarn diente und den Bewohnern das Öffnen der Haustür ersparte.

Wo das nötige Kleingeld vorhanden war, baute man den Sockel des Hauses aus Bruchstein, und wohlhabende Landesfürsten errichteten ihre Burgen gleich komplett aus diesem Material. Auch viele Kirchen wurden aus Bruchstein erbaut.

Wer sich nur ein Fachwerkhaus leisten konnte, aber noch ein bisschen Geld übrig hatte, vernagelte wenigstens die Wetterseite mit kleinen Schieferplatten. Denn Wind und

Regen machen dem empfindlichen Lehmgefache schnell zu schaffen. Und wer sogar noch etwas mehr Geld lockermachen konnte, der hat gleich sein ganzes Haus mit schützenden Schieferschindeln verpackt. Die wohlhabenden Städter erbauten ihre Villen in elegantem bergischen Barock oder Rokoko und packten sie danach ringsum mit Schiefer ein. So entstand die typische dunkle Pracht der alten bergischen Städte.

Das mochte ja ganz hübsch sein, aber auch schrecklich langweilig. So sagte man sich in den Sechzigerjahren des vergangenen Jahrhunderts. Es war eine Zeit des Um- und Aufbruchs, die Moderne verlangte in jeder Hinsicht nach neuen Wegen, natürlich auch in der Architektur. Mancherorts im Bergischen entschieden die Bauherren, dass man sich im Zeitalter von Raumschiff Enterprise auf keinen Fall hintanstellen durfte. Zwar hatte das Bergische Land inzwischen wieder viel Wald zu bieten, deshalb war es aber noch lange nicht hinterwäldlerisch.

So kam es, dass man sich sehr viele Gedanken machte, als in Bensberg der Bau eines neuen Rathauses anstand. Keine Frage, ein Neubau war dringend notwendig. Aber es sollte auf keinen Fall einfach irgendetwas sein.

Die damals noch unabhängige Stadt hatte im frühen 18. Jahrhundert ein schickes Jagdschloss erhalten, ein recht pompöses Gebäude, das auf dem Stadtberg thronte und eine repräsentative Augenweide war. Nach dem Zweiten Weltkrieg zogen hier belgische Besatzer ein, die 1965 einem belgischen Gymnasium Platz machten, welches wiederum 1997 von einem Luxushotel abgelöst wurde.

Ein Stück weiter vorne am Stadtberg lagen die Reste des Vorgängers jenes Jagdschlosses, des Alten Schlosses Bensberg. Nach Beschädigungen im Dreißigjährigen Krieg war es allmählich verfallen, und nachdem das neue Schloss entstanden war, interessierten sich die machthabenden Adeligen nicht weiter für die Ruinen. Eine Zeit lang existierte in den noch erhaltenen Gebäudeteilen ein Kloster, später ein katholisches Krankenhaus, doch seit Mitte der Fünfzigerjahre des letzten Jahrhunderts standen auch diese Trakte leer.

Das wäre ein guter Platz für ein neues Rathaus! Aber natürlich wollte man das Alte Schloss nicht einfach wieder aufbauen. Nein, etwas völlig Neues sollte her! Die alten Bauelemente würden dabei geschickt in einen hypermoderen Neubau eingefügt werden. Die souveränen Bürger der stolzen Stadt Bensberg sollten jetzt ihr eigenes Schloss bekommen, und das sollte so beeindruckend sein, dass man von weither staunen müsste, sobald man sich Bensberg näherte.

Der Entwurf für diese Konstruktion wurde ausgeschrieben, und als die Resultate der Architekten bei den Stadtherren eintrafen, gab es keinen Zweifel, an wen der Zuschlag gehen musste: Gottfried Böhm. Denn im Gegensatz zu allen anderen hatte er sich von der Zweckarchitektur der Sechzigerjahre vollständig gelöst. Er präsentierte einen Plan, der die Vorstellungen der Verantwortlichen sogar noch übertraf: ein gewaltiges neues Schloss für die Stadt, und zwar in absolut zukunftsweisendem Design. Eine eckige Burg aus Beton!

Dieses gewagte Konzept polarisierte. Hier gab es keine Zwischentöne. Das neue Rathaus löste auf der einen Seite euphorische Begeisterung bei den Jüngern der Moderne aus, in eher konservativen Kreisen hingegen nicht minder vehemente Ablehnung. Der Kölner Stadtanzeiger erhob den Neubau zur „Bensberger Akropolis", die FAZ sah darin ein begehbares Kunstwerk. Zeitungen aus aller Welt berichteten über die gewagte avantgardistische Betonburg im eher provinziellen Bensberg.

Andere Stimmen hingegen sprachen von einem „zerschossenen Minarett", vom „Affenfelsen", „Beamtenbunker" oder „Schießschartenungeheuer". Doch es war zu spät für die Gegner der Extravaganz. Zwischen 1965 und 1971 wurde der Komplex fertiggestellt und ist nun, was er ursprünglich sein sollte: das schon aus weiter Ferne nicht zu übersehende Wahrzeichen von Bensberg. Den anderen ihm zugedachten Zweck konnte der Bau allerdings nicht sonderlich lange erfüllen. Trotz entschiedener Proteste seiner Einwohner wurde Bensberg schon vier Jahre nach Fertigstellung des neuen Rathauses zur Stadt Bergisch Gladbach hin eingemeindet. Die hatte ihr eigenes Rathaus und quartierte in der Bensberger Betonburg lediglich ein paar technische Dezernate ein.

Doch dem Architekten Gottfried Böhm kann das ganz gleichgültig sein. Er hat ein Jahrhundertbauwerk erschaffen, ob man es nun mag oder nicht. Und Bensberg ist nicht der einzige Ort im Bergischen Land, dem der Vordenker seinen Stempel aufgedrückt hat. Seiner Ideenwelt entsprang auch das Bergisch Gladbacher Bürgerhaus „Bergischer Löwe". Und außerdem gibt es noch ein weiteres Böhm'sches Bauwerk im Bergischen Land, es ist das bedeutendste von allen. Seiner Entstehung ging eine lange Geschichte voraus.

Bis in die frühe Neuzeit unterstand ein Teil des Niederbergischen Landes der Herrschaft Hardenberg, einer Unterherrschaft des Herzogtums Berg. Die Burg der Hardenbergs lag auf einem Bergsporn südöstlich von Velbert, genau zwischen Tönisheide und Neviges. Doch schon im 13. Jahrhundert zerstörte ein Großbrand das Anwesen, die Hardenbergs errichteten danach ein Wasserschloss in Neviges und zogen um.

Eines schönen Tages im 17. Jahrhundert kam nun ein Franziskanermönch aus dem Münsterland nach Neviges, denn hier befand sich gerade ein neues Kloster im Bau. Als der Neuankömmling sich zum Gebet niederkniete, vernahm er die geheimnisvolle Stimme einer unsichtbaren Frau, die ihm zuraunte, er möge sie doch nach Hardenberg bringen, auf dass sie dort verehrt werde. Kein Zweifel: Die Muttergottes persönlich hatte sich mit dieser Bitte an den frommen Mann gewendet! Das erzählte er jedem, der es wissen wollte, und so gelangte die frohe Botschaft auch an den Fürstbischof, den damaligen Herrn über Kirche und Land. Dieser war soeben von einer schweren Krankheit genesen. So packte er die Gelegenheit beim Schopf und pilgerte zur Baustelle des Klosters in Neviges, um Maria seine Dankbarkeit zu zeigen. Er spendierte auch eine hübsche Geldsumme, die der Fertigstellung des Klosters diente. In der Folge begaben sich immer mehr Gläubige auf Pilgerschaft nach Neviges. Schnell erkannten die Kirchenherren diese Pilgerreise auch offiziell an, und der Papst versprach den Wallfahrern gar völligen Sündenablass. So kam es, dass der frischgebackene Wallfahrtsort Neviges einen enormen Boom erlebte.

Doch erst in den Sechzigerjahren des letzten Jahrhunderts raffte man sich in Neviges endlich dazu auf, eine angemessene Wallfahrtskirche zu errichten. Es gab einen Architektenwettbewerb, an dem auch Gottfried Böhm teilnahm. Sein futuristischer Entwurf fiel allerdings bei der Jury grandios durch. Das Preisgericht kritisierte eine „Übersteigerung ins Manieristische“, dadurch werde der gläubige Mensch in eine künstliche Welt gezwungen.

Bevor die endgültige Entscheidung fiel, ließ sich der Kölner Kardinal Frings noch einmal die Modelle vorführen, welche die Architekten angefertigt hatten. Zu diesem Zeitpunkt war Joseph Kardinal Frings schon fast erblindet, deshalb tastete er die Modellkirchen mit den Händen ab. Als er die Böhm’sche Kathedrale berührte, da ergriff sie unmittelbar sein Herz. Der Kardinal war hin und weg! So bat er inständig darum, einen erneuten Wettbewerb zwischen den besten Teilnehmern auszuschreiben und dabei ein paar Kriterien zu ändern, damit es eine Begründung für die Wiederholung gab. Und, keine Frage, diesen zweiten Architektenwettbewerb gewann Gottfried Böhm.

Er erschuf nun aus 7.500 Kubikmetern Beton und 510 Tonnen Bewehrungsstahl die mit mehr als sechstausend Plätzen zweitgrößte Kathedrale des Erzbistums Köln: die Wallfahrtskirche Maria, Königin des Friedens. Sie besteht aus einer gewagt aufgehängten Betonkonstruktion, wodurch ein riesiger offener Raum im Inneren des Gotteshauses entstanden ist, der ein Zelt für die Gläubigen darstellen soll. Im Schutz dieses dynamischen Zeltes kommt die Gemeinde wie auf einem weiten Marktplatz zusammen, in dessen Zentrum der Altar steht und den die Emporen wie fensterreiche Bürgerhäuser umgeben. Verbindendes Symbol im Kircheninneren ist die rote Rose, das Zeichen der Muttergottes.

Neben der Architektur hatte Gottfried Böhm auch Bildhauerei studiert, das erklärt seine differenzierte und widersprüchliche Formensprache. Der sonderliche Betonfelsen von Neviges gilt als eines der wichtigsten Bauwerke in der Architekturgeschichte des zwanzigsten Jahrhunderts.

Rehkeule mit Kartoffelplätzchen und Jägerkohl

Zutaten für 4 Personen: *1 kg Rehkeule, 250 ml Rotwein, 3 Zwiebeln, 200 ml Sahne, 100 g Margarine, 100 g Mehl, 400 g gekochte Kartoffeln, 2 Eier, 150 ml Milch, 80 g Butter, 4 Möhren, 1/4 Sellerie, 600 g Weißkohl, 100 g gewürfelter Speck, 4 Lorbeerblätter, 6 Wacholderbeeren, 2 Nelken, 4 Pimentkörner, Muskatnuss, Salz, Pfeffer*

Zubereitung: *Am Vortag die Rehkeule entbeinen, den Knochen mehrfach durchhacken und in 50 g zerlassener Margarine dunkel anbraten. Mit 1 Liter Wasser ablöschen, aufkochen und 2 Stunden lang köcheln lassen. Über Nacht ziehen lassen, dann die Knochen entfernen und die Brühe entfetten.*

2 Zwiebeln schälen, Möhren und Sellerie putzen und alles grob in Stücke schneiden. Die restliche Margarine in einem Topf erhitzen und das Fleisch darin ringsum scharf anbraten. Das Gemüse hinzugeben und kurz mitbraten, dann mit 50 g Mehl bestäuben und mit der Brühe ablöschen. Piment, Nelken und Wacholderbeeren in ein Teeei füllen und zusammen mit 3 Lorbeerblättern hinzugeben. Salzen und pfeffern, aufkochen und dann mit Deckel für 1 Stunde in den auf 160°C vorgeheizten Backofen stellen. Nach der Hälfte der Zeit das Fleisch wenden und den Rotwein darübergießen.

Die restliche Zwiebel schalen und würfeln. Den Weißkohl putzen und fein schneiden. Den Speck in einem Topf auslassen, dann Zwiebeln und Weißkohl hinzugeben und kurz mitschmoren. Mit 1 Tasse Wasser ablöschen, salzen, pfeffern, 1 Lorbeerblatt hinzugeben und den Kohl 30 Minuten lang köcheln lassen.

Die Kartoffeln reiben und in einer Schüssel mit dem restlichen Mehl, der Milch und den Eiern vermengen. Salzen, pfeffern, mit Muskatnuss würzen. In einer Pfanne die Butter zerlassen und mit dem Löffel Teigplätzchen hineingeben. Von beiden Seiten goldbraun rösten.

Den Rehfond durch ein Sieb in einen Topf abgießen, Lorbeerblätter und Teeei entfernen. Das Fleisch in Alufolie wickeln und 10 Minuten zurück in den ausgeschalteten Backofen legen.
Den Fond aufkochen, dann die Hitze reduzieren und die Sahne einrühren. Noch einmal abschmecken.
Das Fleisch aus dem Ofen nehmen, in Stücke schneiden und auf den Tellern verteilen. Dazu Kohlgemüse und Kartoffelplätzchen legen und anschließend die Soße über das Fleisch geben.
Man kann auch noch etwas Preiselbeerkompott dazu reichen.

PRUMMETAAT – PFLAUMENKUCHEN

Zutaten: *1,5 kg Pflaumen, 400 g Mehl, 60 g Zucker, 200 ml Milch, 1 Würfel Hefe, Salz, Mehl für die Arbeitsfläche sowie Zucker, Zimt und Schlagsahne nach Geschmack*
Zubereitung: *Das Mehl in eine Schüssel geben und die Hefe daraufbröckeln. Den Zucker, 1 Prise Salz und die lauwarme Milch darübergeben und alles kräftig knetend zu einem geschmeidigen Teig verarbeiten. 30 Minuten lang abgedeckt an einem warmen Ort gehen lassen, in der Zwischenzeit die Pflaumen längs aufschneiden und entsteinen. Dann den Teig noch einmal kräftig kneten, auf der eingemehlten Arbeitsfläche zur Größe eines Backblechs ausrollen und auf ein mit Backpapier ausgelegtes Backblech legen. Nun mit den Pflaumen belegen oder besser bestellen: Die Pflaumen sollen nach Anweisung meiner Urgroßmutter unbedingt dicht an dicht auf dem Boden stehen!*
Den Backofen auf 180°C vorheizen und den Kuchen ca. 30 Minuten lang darin backen.
Nach Geschmack mit Zucker und Zimt bestreuen und lauwarm mit Schlagsahne genießen.

Post für das Christkind – Proletarier aller Länder, vereinigt euch!

„An das Christkind, 51777 Engelskirchen", steht säuberlich in Kinderschrift auf dem Briefumschlag. Er enthält einen mit bunten Zeichnungen dekorierten Wunschzettel, sorgfältig und voller kindlicher Hoffnung verfasst. „Liebes Christkind, mach doch bitte, dass alle Menschen gute Arbeitsbedingungen haben mögen und niemand mehr in Armut und Elend leben muss. Dein Friedrich".

So ähnlich hätte es der kleine Friedrich vielleicht verfasst, wenn er die Arbeitsbedingungen in der Textilfabrik von Engelskirchen gesehen hätte. Diese Fabrik gehörte seinem Vater, dem erfolgreichen Baumwollproduzenten Friedrich Engels aus Barmen. Als Sprössling einer alten Unternehmerdynastie mit einer mechanischen Spitzenfabrik in Barmen hatte dieser 1844 gemeinsam mit seinem in England lebenden Geschäftspartner Ermen eine neue Produktionsstätte in Engelskirchen eröffnet. Das hier verlaufende Flüsschen Agger erschien ihm als idealer Energielieferant und war zudem sauber genug, um Wasser für die Färberei zu liefern. Außerdem war das Gelände in Engelskirchen deutlich günstiger zu haben als entsprechende Gewerbeflächen im heimischen Barmen. Ein noch wichtigeres Argument für den Standort Engelskirchen war jedoch die große Armut unter der Bevölkerung. Billige und willige Arbeitskräfte gab es hier zuhauf. Vor allem die vielen Kinder der armen Bauersleute wurden in der neuen Fabrik beschäftigt.

Es mag Friedrich Engels senior auch geschmeichelt haben, dass der Ort der neuen Firmenniederlassung den Namen „Engelskirchen" trug. Das ist einem Zufall geschuldet, denn die Ortsbezeichnung bestand damals schon seit Jahrhunderten. Fabrikant Engels ließ sich in Engelskirchen eine schicke Villa errichten und stiftete außerdem eine Kirche, vielleicht mit dem Hintergedanken, dem Namen „Engelskirchen" damit gerecht zu werden. Doch Hauptsitz der Familie blieb die prächtige Fabrikantenvilla in Unterbarmen. Hier engagierte sich der fromme Pietist Engels in der Kirchengemeinde und schuf auch eine Wohlfahrtskasse, um seine bedürftigen Arbeiter damit zu unterstützen.

Ärgerlich betrachtete sein Sohn dieses Engagement des Vaters. Es erschien ihm angesichts der Situation in den väterlichen Fabriken als scheinheilig und bigott. Schon seit der frühen Jugend hatte sich Friedrich Engels junior mit den Idealen des Humanismus beschäftigt. Den Vater empfand er zunehmend als despotischen und fanatischen Patriarchen, die Konflikte zwischen den beiden spitzten sich zu. In der dogmatischen Strenge des radikalen Pietismus erkannte der Sohn eine Ursache für das soziale Elend und die prekäre Situation der Arbeiter in seiner bergischen Heimat. Er studierte Philosophie und setzte sich mit liberalen Idealen und den Ideen Hegels auseinander.

So hörte er eines Tages von einem jungen Mann, der mit radikalen Thesen auf sich aufmerksam machte. Diesen wollte er unbedingt kennenlernen, und als sein Vater ihn zur Ausbildung in die Zweigstelle seines Textilimperiums im englischen Manchester abkommandierte, da legte der zweiundzwanzigjährige Engels junior einen Zwischenstopp in Köln ein, um den nur zwei Jahre älteren Karl Marx in den Redaktionsräumen der linken „Rheinischen Zeitung" zu treffen.

Dieser jedoch betrachtete ihn mit äußerster Skepsis. Schließlich war Engels ein Sohn des Klassenfeindes, Marx blieb verhalten und distanziert. Es brauchte einen zweiten Anlauf, bis Engels den strengen Denker von der Aufrichtigkeit seiner eigenen sozialistischen Ideale überzeugen konnte. Dann jedoch entwickelte sich eine innige Freundschaft, die zeitlebens währen und beachtliche Folgen nach sich ziehen sollte.

Während Engels seine Ausbildung in Manchester antrat, stieg Marx zum Chefredakteur der Zeitung auf. Entsetzt berichtete Engels seinem neuen Freund in Briefen von den Lebensbedingungen der Arbeiter, die er in England vorfand. Auf Marx' Geheiß verfasste er engagierte und kritische Artikel für die Rheinische Zeitung. Diese Hetzkampagne sei unmöglich, entschied die preußische Obrigkeit und verbot das weitere Erscheinen des Blattes. Marx floh vor der angedrohten Verfolgung nach Paris und später nach Brüssel.

Als Engels schließlich aus Manchester zurückkehrte, brodelte es in Deutschland. Das Land befand sich im Vorfeld der Revolution von 1848. Für Engels war das Anlass genug, seine Thesen zur Verbesserung der Lage der Arbeiterschaft endlich zu Papier zu bringen. Seinen Entwurf schickte er an Karl Marx, der das Werk ausarbeitete. Im Februar 1848 erschien das Produkt ihres Teamworks in London: „Das Manifest der kommunistischen Partei", eine klare Kampfansage an den Kapitalismus. Als in Elberfeld und Barmen im gleichen Jahr ein Arbeiteraufstand ausbrach, beteiligte Friedrich Engels sich engagiert. Vater Engels tobte. Wie konnte sein Sohn es wagen!

Der Aufstand wurde niedergeschlagen, gegen Engels junior erging ein Haftbefehl. Gemeinsam mit Karl Marx begab er sich auf die Flucht, die durch mehrere Länder führte und schließlich in England endete. Wutentbrannt strich der Vater ihm die finanzielle Unterstützung. Doch der Groll währte nicht lange. Schon zwei Jahre später übertrug er dem Sohn die Leitung der Textilfabrik in Manchester. Dieser fügte sich und erntete zwei Jahrzehnte lang in England die Früchte des Kapitals. Doch setzte er sein Vermögen dafür ein, seinen Freund Karl Marx zu unterstützen, auf dass dieser den Klassenkampf fortführen möge.

Mit 49 Jahren hatte Engels genug verdient. Er ließ nun anstelle der Arbeiter sein Geld arbeiten und investierte an der Börse. Die gewonnene Zeit widmete er seiner politischen Arbeit. Doch nie vergaß er seinen Freund. Er finanzierte nicht nur Karls Unterhalt, sondern auch den dessen fünfköpfiger Familie. Er veröffentlichte Artikel unter Karls Namen, um ihm die Einnahmen zufließen zu lassen. Engels hatte wohl kein ein Problem damit, in der Öffentlichkeit stets im Schatten von Marx zu stehen. Nie stellte er dessen famose intellektuelle Überlegenheit infrage. Nach dem Tod von Marx übernahm er die Verwaltung seines geistigen Erbes und die Führung der internationalen, insbesondere aber der deutschen sozialistischen Bewegung. Er starb 1895 im Alter von 74 Jahren in London an Kehlkopfkrebs. In Wuppertal erinnert das Engels-Haus an sein Schaffen. Es ist eines der fünf Unterbarmer Wohnhäuser der Familie Engels, aber nicht die prächtige Villa, in der er geboren wurde. Diese fiel den von Brandbomben ausgelösten Feuerstürmen im Zweiten Weltkrieg zum Opfer. Vor dem Engels-Haus überreichte Udo Lindenberg 1987 dem wenig begeisterten Erich Honecker anlässlich dessen Besuchs eine E-Gitarre mit der Aufschrift „Gitarren statt Knarren".

Im oberbergischen Engelskirchen hatte die prosperierende Baumwollspinnerei zu einem beachtlichen Bevölkerungsanstieg geführt. Mitte des 19. Jahrhunderts lebten bereits fünfzig Prozent der Einwohner von der Textilfabrik. Doch im folgenden Jahrhundert ging es mit der Textilindustrie allmählich bergab. 1979 schloss die Spinnerei in Engelskirchen endgültig ihre Tore. Ihre Gebäude sollten nun Platz für ein neues Wohngebiet machen. Doch gegen diese Absicht traten drei Kölner Architekten auf den Plan. Sie setzten sich erfolgreich für den Erhalt der Anlage als Industriedenkmal ein. Heute gehört sie als mustergültiges Beispiel für die Industrialisierung im Bergischen Land zum Rheinischen Industriemuseum.

An das Christkind in Engelskirchen konnte der kleine Friedrich Engels freilich nicht schreiben. Das „Christkindbüro" gibt es erst seit 1985. Es wurde damals von der Deutschen Bundespost eingerichtet, und die Deutsche Post AG setzt die Tradition fort, obwohl sie aufwendig und kostenintensiv ist. Denn Jahr für Jahr treffen hier an die 150.000 Briefe aus aller Welt ein. Sie kommen aus China und aus Indien, aus Brasilien und aus Togo, doch die meisten sind natürlich aus Deutschland. Mitunter werden bis zu 12.000 Briefe pro Tag in Engelskirchen abgeliefert. Zu den Öffnungszeiten am dritten Adventswochenende können die Kinder ihre Briefe dem „Christkind" sogar persönlich in die Hand drücken.

Zwanzig teils ehrenamtliche Mitarbeiter sind damit beschäftigt, den Riesenstapel zu bewältigen. Die Antworten des „Christkinds" sind natürlich vorgefertigt, dafür gibt es sie in verschiedenen Sprachen. Sie werden mit einem in Sammlerkreisen äußerst begehrten Sonderstempel versehen. Und allen Rationalisierungsmaßnahmen zum Trotz wird das Weihnachtspostamt von Engelskirchen wohl weiterhin bestehen bleiben. Eine liebenswürdigere Werbung ist nämlich schwer vorstellbar.

Bergische Kartoffelsuppe mit Pfifferlingen

Zutaten für 4 Personen: *400 g Kartoffeln, 250 g frische Pfifferlinge, 1 Stange Porree, 2 Möhren, ¼ Sellerie, 200 ml Sahne, 150 g Butter, 1 Zwiebel, 1 kl. Bd. Blattpetersilie, 2 Scheiben Weißbrot ohne Rinde, Salz, Pfeffer*

Zubereitung: *Kartoffeln und Zwiebeln schälen, Porree, Möhren und Sellerie putzen und alles in kleine Stücke schneiden. 50 g Butter in einem Topf zerlassen und danach das kleingeschnittene Gemüse bis auf die Kartoffeln darin kräftig anbraten. Mit 1 l Wasser auffüllen, die Kartoffeln hinzugeben, aufkochen lassen, salzen und pfeffern und anschließend 30 Minuten lang bei milder Hitze köcheln lassen.*

Die Pilze gründlich putzen, aber nur ganz kurz abspülen, da sie schnell Wasser aufsaugen. Auf Küchenkrepp trocknen, dann 50 g Butter in einer Pfanne zerlassen und die Pilze darin gar rösten.

Das Weißbrot in kleine Würfel schneiden und diese in einer anderen Pfanne in der restlichen Butter bräunen.

Die Petersilienblättchen abzupfen und fein hacken.

Die Suppe nach Ablauf der Garzeit mit dem Passierstab pürieren und dabei die Sahne hinzufügen. Noch einmal mit Salz und Pfeffer abschmecken, danach die Petersilie unterrühren. Die Pilze auf 4 Suppentellern verteilen und die Suppe darübergeben. Zum Schluss die Brotwürfel über der Suppe verteilen.

Wer sich mit Pilzen auskennt, kann Pfifferlinge in unseren bergischen Wäldern selbst finden. Pilze sind geschützt, gesammelt werden dürfen nur kleine Mengen für den Eigenbedarf. Einige Exemplare soll man immer stehenlassen, die anderen werden abgeschnitten oder herausgedreht, die Löcher muss man hinterher zudrücken, damit der Pilzkörper nicht austrocknet. Und wer sich nicht hundertprozentig sicher ist, lässt besser die Finger davon und kauft die Pilze im Supermarkt!

Ganz unten – Verborgene Welten im Bergischen Land

Es ist ein sonniger Tag gegen Ende des 18. Jahrhunderts. Ein paar Männer durchstreifen einen Abhang bei Ründeroth, es sind Bergarbeiter. Sie suchen im Auftrag des Grundherrn nach neuen Eisenerzvorkommen, die sie abbauen können.

Plötzlich stößt einer der Männer einen gellenden Schrei aus, und im gleichen Moment verschwindet er vor den Augen seiner Kumpel. Der Erdboden hat ihn verschluckt!

Entsetzt eilen die anderen herbei, halten aber rechtzeitig inne. Vor ihnen klafft ein Loch im Boden! Da vernehmen sie schon die Stimme ihres eingebrochenen Kollegen. „Hilfe", brüllt er, „holt mich hier raus!" „Ist dir etwas geschehen?", ruft einer zurück. „Holt mich raus!", schreit der andere verzweifelt, die Panik lässt seine Stimme schrill klingen. „Schnell!"

Wie gut, dass einer der Bergleute ein Seil dabeihat. Sie lassen es in die klaffende Erdspalte hinab, und binnen kürzester Zeit taucht ihr Freund wieder auf. Er ist kreidebleich, aber unversehrt. Glück gehabt! Denn die Gänge der Höhle, in die er eingebrochen ist, erreichen teilweise bis zu 18 Meter Höhe. Ein Sturz in solche Tiefe wäre wohl weniger glimpflich ausgegangen. Doch der Mann ist nur in einen der flacheren Höhlenausläufer eingebrochen.

Nachdem sich der erste Schreck verflüchtigt hat, holen die Männer eine Fackel und machen sich daran, das geheimnisvolle Erdloch zu erkunden. Der Mutigste lässt sich als erster am Seil hinab. „Es ist eine Höhle“, verkündet er den anderen, die alsbald zu ihm hinabklettern, um sich selbst davon zu überzeugen. Im fahlen Schein der Fackel erkennen sie gewundene Gänge, die sich ins Dunkel des Erdinneren hineinziehen. Es scheint eine Grotte von gewaltigen Ausmaßen zu sein!

Doch eine kurze Untersuchung der Höhlenwände zeigt ihnen, dass es sich um Kalkstein handelt. Hier gibt es kein Eisenerz, das Erdloch ist für die Männer uninteressant. So geben sie die Erkundung der Höhle rasch wieder auf und machen sich stattdessen wieder an ihre eigentliche Aufgabe. Aber sie erzählen von ihrem Abenteuer, und eine Notiz landet schließlich auch beim Bergamt. Doch kaum jemand traut sich in den folgenden Jahrzehnten in die Höhle hinab. Zu beschwerlich ist der Zugang, und tief im Erdinneren mögen wohl Trolle und andere Ausgeburten der Finsternis hausen, welche die Fantasie beflügeln und Angst und Schrecken verbreiten. Wer sollte es wagen, diese Dämonen zu wecken?

Hundert Jahre vergehen, bis die Landherren beschließen, der Angelegenheit doch auf den Grund zu gehen. Sie lassen einen dreißig Meter langen Stollen in den Berg treiben und schaffen so einen Zugang zur Höhle. Aber noch herrscht die Beschaulichkeit jener Zeit, das

Schnelllebige unserer Tage liegt noch in weiter Ferne. So gehen weitere zwanzig Jahre ins Land, bis sich ein Höhlenforscher an die Erkundung der Neuentdeckung begibt, und noch einmal zehn Jahre, bis ein Besucherbetrieb eingerichtet wird. Mittlerweile sind die Zwanzigerjahre des letzten Jahrhunderts angebrochen. Das Interesse an den verborgenen Geheimnissen des Erdinneren ist gewachsen, und kaum jemand fürchtet noch eine Begegnung mit geisterhaften Wesen. Aufklärung und Wissenschaft haben inzwischen immer mehr Bevölkerungsschichten erreicht.

So kommt es, dass in diesen Jahren auch eine andere Höhle im Bergischen Land für Besucher erschlossen wird. Sechzig Jahre zuvor waren in einem Wiehler Steinbruch bei Sprengungsarbeiten merkwürdige Gebilde aus Kalkstein zutage getreten, denen man zunächst keine weitere Beachtung schenkte. Offensichtlich gehörten auch sie zu einer Höhle, diese war jedoch komplett mit Schlamm angefüllt und daher unbegehbar.

Aber die Weltwirtschaftskrise und die prekäre Lage Deutschlands nach dem Ersten Weltkrieg hatten weite Teile der Bevölkerung in große Not gestürzt. Die Arbeitslosigkeit nahm verheerende Ausmaße an, der Staat versuchte mit Arbeitsbeschaffungsmaßnahmen, das größte Elend zu lindern. So kam es, dass ein Trupp von ABM-Kräften nach Wiehl geschickt wurde, um die Höhle vom Lehm zu befreien. Die Leute staunten nicht schlecht. Beim Graben traten immer mehr bizarre Gebilde aus Tropfstein zutage, es schien, dass sie Stück für Stück eine verzauberte unterirdische Märchenwelt enthüllten!

Ein Gangsystem von fast 870 Metern Länge wurde freigelegt, gesichert und 1927 für die Öffentlichkeit freigegeben. Schnell entwickelte es sich zur Besucherattraktion. Heute kann man in der Wiehler Tropfsteinhöhle sogar heiraten, zwischen Stalagmiten, Stalaktiten und glitzernden Kaskaden dreißig Meter tief unter dem Erdboden. Das Brautkleid sollte allerdings nicht zu sommerlich gewählt werden, denn hier, im Reich der Fledermäuse und Höhlenspinnen, herrscht bei hoher Luftfeuchtigkeit eine konstante Temperatur von acht Grad.

Die Wiehler Tropfsteinhöhle liegt in einem Kalksteingebilde, das von Gesteinsschichten aus Grauwacke und Tonschiefer eingeschlossen ist. Es handelt sich um ein versteinertes Korallenriff aus der Zeit des Rheinischen Ozeans. Weil das urzeitliche Meer viele solcher Kalkbänke zurückgelassen hat, ist das Bergische Land heute reich an Höhlen.

Schon das Meerwasser spülte damals Hohlräume im Kalk aus. Später, als der Untergrund zum Rheinischen Schiefergebirge aufgefaltet wurde, übernahm das Regenwasser diese Aufgabe. Während es vom Himmel fiel, hat es sich mit Kohlendioxid aus der Luft angereichet und mutierte so zu saurem Regen. Die Säure setzt aber dem empfindlichen Kalk besonders zu, so kommt es, dass dieser vom Wasser viel stärker als das umliegende Gestein ausgewaschen wird. Die Wassertropfen durchdringen die Gesteinsschichten und nehmen dabei kleinste Kalkpartikel auf. Während sie von der Höhlendecke tropfen, lagern sich diese Bestandteile im Laufe der Jahrtausende zu Stalagmiten und Stalaktiten ab. Eine Tropfsteinhöhle entsteht.

Doch die Höhle bei Ründeroth, die in den Fünfzigerjahren den Namen „Aggertalhöhle“ erhielt, ist keine Tropfsteinhöhle. Hier verhindern dichte, kalkarme Tonschichten oberhalb der Hohlräume, dass sich das Wasser mit Kalk anreichern kann. Nachdem es diese Schichten durchdrungen hat, trifft es in so feinen Tropfen auf den Höhlenkalk, dass eine Kalkanreicherung auch hier nicht mehr erfolgen kann. Deshalb gibt es nur ganz wenige Tropfsteine in der Aggertalhöhle.

Dafür hat sie aber zahlreiche fossile Reste von Korallen zu bieten, die als Aragonit an den Höhlenwänden Kristalle gebildet und sich teilweise zu großen „Eisenblüte“-Bündeln zusammengeballt haben.

Auch in den 1071 Meter langen Gängen der Aggertalhöhle herrschen bei hoher Luftfeuchtigkeit konstante Temperaturen zwischen sechs und acht Grad. Wie in der Wiehler Tropfsteinhöhle leben im Bereich der Lampen Moose, Algen und Farne, an manchen Wandbereichen existieren sogar Pilze. Im dunklen Reich der Unterwelt leben bestimmte Arten von Mücken, Spinnen und Krebstierchen. Außerdem dient die Aggertalhöhle vier Fledermausarten als Quartier. Um deren Ruhephase nicht zu stören, ist die Höhle in den Wintermonaten für Besucher geschlossen.

Von März bis November kann man sie hingegen auf einem 270 Meter langen Rundweg in Begleitung eines fachkundigen Führers besichtigen, eine Gelegenheit, die sich jährlich rund sechstausend Besucher nicht entgehen lassen. Beliebtes Highlight ist die Durchquerung des nur dreißig Zentimeter schmalen „Pastorengangs", in dem ein beleibter Gottesdiener aus Ründeroth einst stundenlang feststeckte, bevor er mithilfe von Schmierseife aus seiner misslichen Lage befreit werden konnte. Zwar kann man in der Aggertalhöhle nicht heiraten, aber zumindest an einer romantischen Führung mit Musik teilnehmen. Und einige Jahre später kann man dann mit den Sprösslingen zurückkehren und in der Aggertalhöhle deren Kindergeburtstag feiern.

Waldbeerpfannekuchen

Zutaten für 4 Personen: *200 g Mehl, 5 Eier, 250 ml Milch, 400 g Heidelbeeren, 100 g Rohrzucker, 100 g Butter, Salz*
Zubereitung: *Aus Mehl, Milch, Eiern und einer guten Prise Salz einen glatten Teig rühren.*
In einer Pfanne 1/4 der Butter erhitzen, 1/4 des Teigs hineingeben und sofort 1/4 der gewaschenen und verlesenen Beeren darüber verteilen. Beidseitig goldbraun ausbacken, dann im Backofen warmstellen und so weiter verfahren, bis vier Pfannkuchen gebacken sind. Mit dem Zucker bestreuen und servieren.

Ein Russe in Nümbrecht – Attraktionen im Homburger Ländchen

Wie mag sich der Russe über die Landschaft gewundert haben, die sich unter ihm auftat. Er war die endlosen Weiten der Osteuropäischen Ebene gewöhnt, in deren Herzen seine Heimatstadt Moskau lag. Die melancholische Stimmung über den Birkenwäldern, die grenzenlosen, menschenleeren Grassteppen. Wie anders sah das dicht besiedelte Land aus, über das sein Hubschrauber nun hinwegflog!

Er war in Bonn gestartete, dann folgte seine Flugroute dem Lauf des Rheins bis Köln, und über Leverkusen ging es geradewegs ins Bergische Land. Ein dichtes Netz von Straßen verband Städte, Dörfer und Industrieanlagen, die sich ganz selbstverständlich in den pittoresken Flickenteppich der Landschaft einfügten. Jetzt im Mai erstrahlte die Natur in leuchtend frischem Grün.

Der Russe war sehr beeindruckt. Was für ein manierliches und durchstrukturiertes Land dieses Deutschland doch war! Er fühlte sich in seinem Vorhaben bestätigt. Es war an der Zeit, die Zusammenarbeit zwischen den Völkern der Sowjetunion und den Westdeutschen in der BRD endlich voranzutreiben. Vertrauen musste aufgebaut werden, um die schweren Traumata, die seit der dunklen Kriegsvergangenheit auf den Menschen lasteten, überwinden zu können.

Der leise Anflug eines Lächelns glitt über die sonst stets so finsteren Züge des Russen, als sein Hubschrauber zur Landung ansetzte. Wie das Idealmodell einer Landschaft erschien ihm, was er gesehen hatte, eine bunte, putzige Welt voller Puppenstuben, und nun eröffnete sich vor ihm auf einem Hügel mitten im Wald auch noch der Anblick eines wahrhaft entzückenden Märchenschlosses. Vielleicht hatte seine Babuschka den großen Parteichef der KPdSU, Staatschef und Helden der Sowjetunion, einst auf den Schoß genommen, als er noch ein kleiner Bub gewesen war, um ihm das Märchen von Schneewittchen vorzulesen. Und vielleicht mochte er sich in diesem Moment daran erinnert haben, als der Hubschrauber vor Schloss Homburg bei Nümbrecht landete.

Um ein Haar wäre der Ausflug Leonid Breschnews im Mai 1973 abgesagt worden. Heinz Kühn, der nordrhein-westfälische Ministerpräsident, hatte ihn zum Mittagessen ins Bergische eingeladen, doch die Stimmung war angespannt. Auf der einen Seite drohten ultrarechte Nationalisten mit antisowjetischen Kundgebungen, auf der anderen hatten maoistische Gruppen Protestaktionen gegen Breschnew angekündigt. Breschnew war im gut abgeschirmten Hotel Petersberg bei Bonn untergebracht worden. Doch gegen einen Hubschrauberausflug meldeten die sowjetischen Sicherheitskräfte äußerste Bedenken an. Dass er trotzdem stattfand, bescherte dem Staatschef vielleicht die wichtigsten Eindrücke seines Besuchs in der

BRD. Denn ihm zeigte sich ein bildschönes und freundliches Land mit aufgeschlossenen Menschen, gewillt, dem hohen Gast Gutes zu tun.

Der Metzgermeister Siegfried Opitz aus Grötzenberg mag jenen 21. Mai als einen der aufregendsten Tage seines Lebens empfunden haben. Denn er war dazu ausgewählt worden, einen oberbergischen Spießbraten für das Festessen des Staatsbesuchs zuzubereiten. Als Tischgäste Breschnews erschienen neben dem Ministerpräsidenten Kühn auch der sowjetische Außenminister Andrei Gromyko sowie der Bundesminister für besondere Aufgaben, Egon Bahr. Und natürlich Bundeskanzler Willy Brandt. Welch eine Herausforderung!

Serviert wurde selbstverständlich nicht irgendwo. Als Location für das Festmahl war die historische Burgküche von Schloss Homburg ausgewählt worden, die ein wirklich außergewöhnliches Ambiente zu bieten hat. Das Schloss war 1635 durch den Umbau einer deutlich älteren Burg entstanden und diente viele Jahre hindurch den Grafen von Sayn-Wittgenstein, später der Adelslinie Sayn-Wittgenstein-Berleburg. In den Zwanzigerjahren des letzten Jahrhunderts hatte der engagierte Lehrer und Heimatkundler Hermann Conrad aus Eiershagen hier ein Museum gegründet, und später wurde daraus das Museum des Oberbergischen Kreises.

Nach dem Mittagessen in der Burgküche von Schloss Homburg war noch ein besonderes Schmankerl für die Gäste aus der Sowjetunion geplant. Der Spießbraten von Meister Opitz war gelungen, Willy Brandt bedankte sich persönlich bei ihm. Nun trat die Besuchergruppe satt und zufrieden hinaus in die strahlende Maisonne, um den Besuch in Nümbrecht mit einem weiteren Glanzlicht zu krönen. Denn hier hatte inzwischen Friedhelm Stöcker aus Geringhausen ein auffälliges gelbes Gefährt vorfahren lassen: die nagelneue Postkutsche.

Schon von 1829 an hatte eine Postkutschenverbindung von Waldbröl über Nümbrecht und Wiehl nach Gummersbach und zurück bestanden. Dreimal wöchentlich traten damals Briefe die Reise zu den anderen Orten an, und ab 1854 wurden auch Personen mitgenommen. Doch natürlich war die gemütliche Zockelei eines Tages eingestellt worden, als modernere Verkehrsmittel für ein schnelleres Vorankommen sorgten. Ab 1915 gab es Kleinbahnverbindungen, und zehn Jahre später fuhr der erste Omnibus. Die Postkutsche war längst überholt.

Doch eines Tages hatte Stöcker während eines Kuraufenthaltes eine Postkusche gesehen und sich in die Idee vernarrt, selbst ein solches Gefährt durch die Homburger Landschaft zu lenken. Nümbrechts damaliger Gemeindedirektor Friedhelm Schütz nahm das Vorhaben begeistert auf. Es gelang ihm, sowohl die Gemeinderäte von Nümbrecht und Wiehl als auch den oberbergischen Fremdenverkehrsverein davon zu überzeugen, dass Stöckers Plan dem Tourismus im Oberbergischen einen kräftigen Anschub verpassen könnte. So wurde in Ründeroth eine kaiserliche Postkutsche aus der Zeit um 1870 aufwendig nachgebaut und im April 1973 auf der fahnengeschmückten Nümbrechter Hauptstraße feierlich in Betrieb genommen.

Die neue Attraktion kam gerade zur rechten Zeit, denn schon im darauffolgenden Jahr richtete das 1972 zum heilklimatischen Kurort avancierte Nümbrecht die Landesgartenschau aus. Dafür wurde eigens ein neuer Kurpark hübsch hergerichtet und mit Skulpturen geschmückt. Der ganze Ort mit seiner tausendjährigen Kirche putzte sich aufs Allerfeinste heraus. Zu diesem Anlass kam ich als Kind erstmals nach Nümbrecht, und es mag für das Gelingen der Veranstaltung sprechen, dass sich dieser Besuch sehr nachhaltig bei mir eingeprägt hat. Geradezu revolutionär war es, dass das Betreten des Rasens im neuen Nümbrechter Kurpark nicht nur erlaubt, sondern sogar ausdrücklich erwünscht war. Damals war das nämlich üblicherweise strengstens verboten. In Mönchengladbach wurden meine Freundin Gunhild und ich gnadenlos von einem Parkwächter gejagt, wenn er uns bei einer solch unverfrorenen Verbotsübertretung erwischte.

Seit jener Zeit rollt die Postkutsche zwischen Mai und Oktober regelmäßig zwischen Nümbrecht und Wiehl hin und her. Die zweistündige „Zeitreise“ hat sich als Touristenattraktion bewährt. 1989 startete Stöcker mit seiner Postkutsche sogar zu einer 330 Kilometer langen

Werbefahrt entlang des Rheins zur Bundesgartenschau nach Frankfurt. Zwei Jahre später trat mit Walter Gran ein weiterer Kutscher seinen Dienst auf dem Bock an, und inzwischen hat Sabine Pabusch-Utke als Deutschlands einzige Postillionin die Aufgabe übernommen. Die Postkutsche gehört im sogenannten „Homburger Ländchen" längst zur guten alten Tradition.

Doch im Mai 1973 war sie noch brandneu. Was für ein grandioses Highlight für Breschnews Ausflug ins Bergische Land! Von oben bis unten hatten Sicherheitskräfte die Postkutsche durchgecheckt, und nun stand sie vor Schloss Homburg, bereit, den Gast aus der Sowjetunion aufzunehmen. Aber in letzter Sekunde hieß es „Niet!". Die Fahrt mit zwei PS auf öffentlichen Straßen erschien am Ende doch als unwägbares Risiko. Immerhin trugen Breschnew und Gromyko sich vor ihrem Abflug noch ins Fahrtenbuch der Postkutsche ein.

Die Postkutsche hat die Zeit überdauert. Zwar benötigt sie hin und wieder ein paar Reparaturen, aber eine völlige Umgestaltung kam niemandem in den Sinn.

Ganz anders sah es da mit Schloss Homburg aus. Kurz vor der Jahrtausendwende schrieb der Förderverein einen Wettbewerb für die Erweiterung des Museums aus. Einstimmig fiel die Entscheidung zugunsten eines Hamburger Architekten, der direkt neben dem Schloss einen kubischen Betonbau auf den Grundmauern einer noch älteren Burganlage aus dem 11. Jahrhundert plante.

Aus dieser bunkerartigen Betonfestung hätten gerade noch die beiden Türme des hübschen gelben Barockschlösschens hervorgelugt. Ein Aufschrei der Empörung ging durchs Homburger Ländchen, Unterschriften wurden gesammelt, sogar der Spiegel berichtete. Schließlich konnte das drohende Unheil doch noch abgewendet werden.

Die 1973 von Bundespräsident Heinemann eingeweihte Orangerie wurde abgerissenen. An ihrer Stelle hat Schloss Homburg einen neuen Anbau erhalten, der den malerischen Blick aufs Schloss nicht beeinträchtigt. Eine gute Entscheidung für alle Brautpaare, die auf Schloss Homburg heiraten und danach zum obligatorischen Foto vor der romantischen Kulisse posieren wollen. Und wer sich dabei wie Breschnew fühlen möchte, kann sogar die Schlossküche für den Event buchen. Ja, besser noch, auch die Postkutsche lässt sich für eine Ausfahrt engagieren. Ein Höhepunkt, auf den der Sowjetführer seinerzeit verzichten musste.

Bergischer Spiessbraten mit grünen Bohnen und Leinewebern

Zutaten für 4 Personen: *1400 g Schweinerollbraten, 150 g Kalbsbrät, 3 Zwiebeln, 1 kl. Bd. Blattpetersilie, 1 kl. Handvoll Liebstöckelblättchen, 600 g Kartoffeln, 600 g grüne Bohnen, 300 ml Gemüsebrühe, 200 g gewürfelter Speck, 2 Eier, 100 ml Milch, 40 g Butter, 60 g Mehl, Speiseöl, Muskatnuss, Bohnenkraut, Rosenpaprika, Salz, Pfeffer*

Zubereitung: *Die Zwiebeln schälen und fein würfeln. Die Petersilienblättchen abzupfen und zusammen mit den Liebstöckelblättchen fein hacken. In einer Pfanne einen Schuss Speiseöl erhitzen und die Zwiebeln darin glasig braten. Zum Schluss Petersilie und Liebstöckel unterrühren, vom Herd nehmen und das Kalbsbrät untermischen. Mit Salz, Pfeffer und Rosenpaprika würzen. Den Rollbraten aufrollen, ringsum salzen und pfeffern, dann an der Innenseite mit der Brätfüllung bestreichen. Fest zusammenrollen und mit Küchengarn gut zusammenbinden. Auf einen Grill-Drehspieß stecken, fixieren und nun 1 ½ bis 2 Stunden lang drehend über der Glut grillen. Alternativ kann man den Braten auch in Alufolie wickeln, 1 ½ Stunden bei 200°C im Backofen backen, anschließend die Folie entfernen, den Braten mit Öl einpinseln und nochmals 30 Minuten lang backen.*

Für die Leineweber die Kartoffeln in der Schale garen, dann pellen und in ganz dünne Scheiben schneiden. Die Eier mit der Milch und der Hälfte des Mehls verquirlen und mit Muskatnuss, Salz und Pfeffer würzen. In einer Pfanne etwas Speiseöl erhitzen und 100 g der Speckwürfel darin anrösten. Die Kartoffelscheiben hinzugeben und knusprig braun braten. Zum Schluss den Eier-Milch-Teig darübergeben und kurz stocken lassen.

Die Bohnen waschen, Stielenden und Fäden entfernen und die Bohnen in kleine Stücke schnippeln. In einem Topf die restlichen Speckwürfel auslassen, danach die Bohnenstücke hinzugeben, kurz mitrösten und mit der Gemüsebrühe ablöschen. Salzen, pfeffern, mit Bohnenkraut würzen und 30 Minuten lang bei schwacher Hitze köcheln lassen. Nun das restliche Mehl in einem Schüttelbecher mit etwas vom Bohnensud gut verquirlen und zusammen mit der Butter unter Rühren über die Bohnen geben. Noch einmal ganz kurz aufkochen lassen.

Den Spießbraten vom Grill nehmen, Spieß und Küchengarn entfernen, und den Braten in Scheiben schneiden. Zusammen mit Bohnengemüse und Leinewebern auf Tellern anrichten.

Vom Wankelmut des Erfolgs – Sterne aus Gummersbach

Als im Jahr 2006 die Fußballweltmeisterschaft in Deutschland stattfand, da versank auch das Bergische Land in einem Meer schwarz-rot-goldener Flaggen. Bis in den hintersten Winkel löste das Sommermärchen einen euphorischen Rausch aus, und zumindest für eine kurze Weile war die Enttäuschung nach der Niederlage der deutschen Mannschaft im Halbfinale gegen Italien bodenlos. Aus war der Traum vom Titelgewinn im eigenen Land.

Doch nach dem Turnier ist vor dem Turnier. Der Glückstaumel der Deutschen dauerte an und fand schon bald nach der Fußball-WM ein neues Ventil: In Deutschland wurde nur wenige Monate später die Handball-Weltmeisterschaft ausgetragen. Da war sie wieder, die deutsche Mannschaft, die sich zielsicher von Sieg zu Sieg spielte, und wohl noch nie hat Handball in unserem Land so viele begeisterte Fans gehabt wie während des Wintermärchens von 2007. Vor 19.000 Zuschauern errang die deutsche Mannschaft am 4. Februar mit einem packenden Spiel in der Kölner Arena den Sieg im Finale gegen Polen. Im Konfettiregen ging es zurück nach Wiehl, wo die Mannschaft während des Wettkampfs im Hotel zur Post Quartier genommen hatte. Als die Spieler dann im Triumphzug durch die Stadt zogen und schließlich am nächsten Tag die

Ovationen vom Balkon des Rathauses aus in Empfang nahmen, da war mit einem Mal alles wieder wie zuvor: unzählige Deutschlandfahnen, Tausende von jubelnden Fans, grenzenlose Euphorie. Und alle Augen richteten sich auf den Mann mit dem Walrossbart: Heiner Brand.

Der gebürtige Gummersbacher wurde schon 1959 im Alter von sieben Jahren Mitglied des VFL Gummersbach. Böse Zungen mögen ja behaupten, dass ein aktives Kind im Gummersbach jener Zeit wenig andere Möglichkeiten hatte. Tatsache ist aber, dass Heiner Brand die goldenen Jahre des Gummersbacher Handballs maßgeblich prägte, seinen Verein zur Legende erhob und einer der erfolgreichsten deutschen Handballspieler überhaupt gewesen ist. Der VFL machte die verschlafene Kreisstadt im Oberbergischen in den Siebzigerjahren deutschlandweit berühmt. Ein jeder, und sei er noch so desinteressiert am Sportgeschehen, antwortete damals auf „Gummersbach?“ reflexartig mit „Handball!“ Wie war das möglich?

Tatsächlich ist Gummersbach stets ein bisschen provinziell gewesen. 1857 hatte die Siedlung ihre Stadtrechte erhalten, und anscheinend erwuchs daraus zumindest für eine Weile der Hauch eines gewissen urbanen Flairs. Noch in den Zwanzigerjahren des letzten Jahrhunderts bezeichneten die Einwohner ihre Stadt liebevoll als „Klein Paris“, was wohl an der repräsentativen Hauptstraße mit ihren stolzen Bürgerhäusern lag, die von herrlichen Lindenbäumen gesäumt wurde. Das sah so schön aus, dass

Gummersbach weithin auch als „Lindenstadt“ bekannt war. Prächtige öffentliche Gebäude und herrschaftliche Villen wurden errichtet, sie verkündeten von der scheinbar unaufhaltsamen Entwicklung zur stolzen Stadt im Bergischen Land. Gleichzeitig boomte die Industrie und versprach Arbeit, Geld und Zukunftsperspektiven.

Die Bomben des Zweiten Weltkriegs richteten zwar auch in Gummersbach Verwüstungen an, doch sind diese bei weitem nicht so schlimm gewesen wie in anderen Städten. Allerdings verdoppelte sich die Einwohnerzahl nach dem Krieg durch Flüchtlinge, für diese musste schnellstmöglich neuer Wohnraum aus dem Boden gestampft werden. Es war der Beginn eines Baubooms, der von Gummersbachs alter Pracht nicht allzu viel übrigließ.

Um Arbeit brauchten sich die neu Hinzugezogenen weniger Sorgen zu machen. Das Unternehmen L. & C. Steinmüller, eine frühere Papierfabrik, hatte auf die Herstellung von Dampfkesseln umgesattelt und brummte. In den Siebzigerjahren war Steinmüller am Gipfel des Erfolgs angelangt. Was konnte noch schiefgehen?

Im Schlepptau der wirtschaftlichen und städtischen Entwicklung ging ein weiteres Licht am Himmel von Gummersbach auf. 1923 war die Handball-Abteilung des lokalen Sportvereins gegründet worden, und während alle anderen noch mit Feldhandball beschäftigt waren, setzte man hier schon längst auf das Spiel in der Halle. Als die Handballbundesliga 1966 aus der Taufe gehoben wurde, hatten die Gummersbacher deshalb einen klaren Vorteil. Und den wussten sie zu nutzen.

Zwischen 1966 und 1991 gewann der VFL Gummersbach zwölfmal die Deutsche Meisterschaft, hinzu kamen fünf DHB-Pokalsiege und mehrere Europapokalsiege. Die Gummersbacher sind in dieser Zeit unbestreitbar Deutschlands herausragende Handballmannschaft gewesen, und Heiner Brand war einer ihrer besten Spieler. Als Ausnahmetalent wurde er natürlich auch Mitglied der Nationalmannschaft, mit der er 1978 den Weltmeistertitel errang. 231 Länderspieltore zieren seine aktive Karriere. Nachdem er seine Spielerlaufbahn Ende der Achtzigerjahre beendet hatte, trainierte er jahrelang den VFL Gummersbach, und von 1997 bis 2011 war er Trainer der Deutschen Nationalmannschaft.

Doch es schien, als wenn mit dem Ende seines aktiven Einsatzes als Kreisläufer der Mannschaft auch das Gummersbacher Glanzlicht am Himmel des Erfolgs allmählich zu verlöschen begonnen hätte. Die Erfolgswelle flaute ab, und schlimmer noch, Ende der Neunzigerjahre wurde bekannt, dass der Verein inzwischen enorme finanzielle Schwierigkeiten hatte.

Die Lage erschien mehr als aussichtslos. Spieler mussten verkauft werden, die anderen verzichteten auf Teile ihres Gehalts. Hätte jetzt nicht Gummersbachs Großunternehmen, die Steinmüller GmbH, als Retter in der Not einspringen können?

Doch leider befand sich auch deren Stern mittlerweile im rapiden Sinkflug. 1990 wurde die Firma an einen Baukonzern verkauft und nach dessen Konkurs von einer AG übernommen, doch allen Bemühungen zum Trotz musste 2002 die Insolvenz angemeldet werden. Inzwischen hat die Stadt Gummersbach das zentral beim Ortskern liegende Steinmüllergelände übernommen und bemüht sich um eine städtebauliche Entwicklung.

Von dieser Seite war also keine Hilfe für den VFL zu erwarten. Erst die Gründung einer GmbH unter Federführung eines Kölner Finanzdienstleisters und die Ausgliederung des Profihandballs aus dem Stammverein brachte eine scheinbare Lösung des Problems.

Allerdings gab es schnell Spannungen zwischen Finanzfirma und Sportlern. Trainer Brand war bereits zuvor frustriert zurückgetreten und hatte sich der Nationalmannschaft zugewendet. Der neue Trainer erwies sich als Fehlgriff, der VFL Gummersbach rutschte in den Tabellenkeller. Die Finanzfirma geriet zudem wegen dubiosen Gebarens ins Visier der Staatsanwaltschaft. Schon nach einem Jahr trennten sich Verein und Finanzdienstleister im erbitterten Streit.

Der VFL fand neue Sponsoren, und so ging es nach der Jahrtausendwende schließlich auch spielerisch wieder aufwärts. Der Erfolg spiegelte sich in drei Pokalsiegen. Doch die Finanzlage blieb weiterhin angespannt. Zu Beginn der Saison 2011/2012 schien das Ende schließlich besiegelt:

Dem mit zwei Millionen Euro verschuldeten Verein wurde die Bundesligalizenz verweigert. Da schlossen sich die Fans zusammen und zeigten, was in ihnen steckte. Binnen einer Woche kamen Fördergelder in Höhe von 2,2 Millionen Euro zusammen. Die Lizenz war gerettet.

Und weil die Erfolge der Mannschaft auch die Stadt Gummersbach überzeugten, wurde 2012 eine neue Multifunktionshalle errichtet, die nun als Spielstätte der Mannschaft dient. Diese Arena befindet sich auf dem ehemaligen Steinmüllergelände, passenderweise am „Heiner-Brand-Platz".

Seit dem grandiosen Wintermärchen von 2007 ist der deutsche Handball allerdings aus dem Licht der Öffentlichkeit herausgetreten, fast scheint er in den Dornröschenschlaf gefallen zu sein. Doch das könnte sich ändern. Schon 2019 wird Deutschland wieder die Handball-Weltmeisterschaft austragen.

Himmel un Ääd

Zutaten für 4 Personen: *600 g Kartoffeln, 600 g Äpfel, 3 Zwiebeln, 150 g gewürfelter Speck, 200 ml Milch, 50 g Butter, Salz*
Zubereitung: *Kartoffeln und Äpfel schälen, in Salzwasser garen, abschütten, stampfen und Butter und Milch unter den Brei rühren. Den Speck in einer Pfanne auslassen, die Zwiebeln schälen, in Ringe schneiden und hinzugeben. Leicht bräunen lassen, dann den Brei auf Tellern anrichten und Speck und Zwiebeln darübergeben.*

Versunken und verwunschen – ein Refugium an der Wiehl

Von Volperhausen wurde mein Urgroßvater in den Dreißigerjahren des letzten Jahrhunderts in die Kleinbahnstation von Auchel versetzt. Hier feierte er im Jahr 1938 sein vierzigjähriges Dienstjubiläum als Bahnagent, die Urkunde unterschrieb der Führer und Reichskanzler persönlich. Es war eine trügerische Freude, denn schon im darauffolgenden Jahr trat eben jener Unterzeichner den verheerendsten Krieg los, den Europa je erlebt hatte. Doch mein Urgroßvater durfte am Bahnhof von Auchel bleiben, der Zug an die Front blieb ihm erspart. Seine Funktion galt als „kriegswichtig", und das unbedeutende Dörflein Auchel blieb in der Folgezeit von den Auswirkungen des Krieges weitgehend verschont.

Zusammen mit zehn weiteren kleinen Ortschaften lag Auchel in einem malerischen Tal des Flüsschens Wiehl, eine perfekte Idylle, die scheinbar kein Wässerchen trüben konnte. Und doch sollte es anders kommen. Nicht nur ein Wässerchen trübte die Idylle, sondern gleich eine ganze Flut von 31,5 Millionen Kubikmetern.

Schon seit Beginn des letzten Jahrhunderts hatte man sich im Oberbergischen Land Gedanken darüber gemacht, wie man die Trinkwasserversorgung bei wachsenden Bevölkerungszahlen zukünftig sicherstellen könnte. In fortschrittlichen Nachbargemeinden war die Lösung des Problems bereits vorgemacht worden. Vorreiter ist 1891 die Eschbachtalsperre bei Remscheid gewesen, und bei Hückeswagen gab es seit 1898 die Bevertalsperre. 1904 war die Ennepetalsperre eingeweiht worden, ab 1908 existierte die Diepentaler Talsperre zwischen Leichlingen und Burscheid. Wuppertal, Wipperfürth und Remscheid bezogen ihr Trinkwasser seit 1912 aus der Kerspetalsperre, und bei Marienheide war 1913 die Brucher Talsperre angelegt worden, um nur einige der bahnbrechenden neuen Sperranlagen im Bergischen Land zu nennen. Die Talsperren schossen allerorts wie Pilze aus dem Boden, sie schienen das Gebot der Stunde zu sein.

Auch das Flüsschen Wiehl sollte in den Dreißigerjahren oberhalb der Biebersteiner Mühle durch eine Sperrmauer aufgestaut werden. Doch für solch ein gewaltiges Unterfangen fehlten die finanziellen Mittel. Die örtlichen Trinkwasserversorger hatten sich nämlich zur „Aggertalgenossenschaft“ zusammengeschlossen und sich 1929 mit dem Bau der Aggertalsperre bei Gummersbach bereits restlos verausgabt. So reichte es an der Wiehl lediglich für einen kleinen Ausgleichsweiher.

Erst in den Sechzigerjahren wiesen die Konten der Trinkwasserversorger, die sich mittlerweile in „Aggerverband“ umgetauft hatten, ausreichende Rücklagen auf, um die Geschäftsleitung noch einmal über das Projekt nachdenken zu lassen. Als geeignetster Standort für die

Staumauer erschien den Planern nun eine Talenge zwischen Heischeid und Schalenbach im Bereich der Gemeinde Reichshof. Doch es gab ein kleines Problem. Im Wiehltal hinter der angedachten Mauer lagen jene bereits erwähnten elf kleinen Ortschaften. Die neue Talsperre würde sie gnadenlos überfluten. Was sollte man den Bewohnern der Dörfer sagen? Menschen, deren Familien bereits seit Generationen hier lebten, deren nachbarschaftliche Verbindungen und dörfliche Strukturen über Jahrhunderte hinweg gewachsen waren, deren Erinnerungen und Heimatgefühle an dieses Tal gebunden waren? Wie sollte man sie überzeugen?

Die Antwort war einfach: gar nicht. Die Bewohner gingen nicht freiwillig, also wurden sie durch Gerichtsbeschlüsse enteignet. Nach einer Flut von Gerichtsprozessen war 1967 der Weg für die Wasserfluten geebnet. Etwa 450 Menschen wurden zwangsweise umgesiedelt. Die Bauarbeiten konnten losgehen, 1973 begann das Tal vollzulaufen.

An die elf versunkenen Dörfer erinnert immerhin noch eine Gedenktafel. Sie befindet sich zu Füßen eines Aussichtsturms bei Brüchermühle-Sinspert, von dem aus Wanderer einen Blick auf den „Auchel-Fjord" der Talsperre werfen können. Wer nämlich gedacht hat, er könne einen schönen Spaziergang am Ufer der Talsperre unternehmen, der erlebt eine böse Überraschung. Die Wiehltalsperre dient der Trinkwasserversorgung und ist streng abgeschirmt.

Außerdem liegt sie im Gebiet des Naturparks Bergisches Land, die Uferzone ist als Rast- und Brutplatz für Vögel ausgewiesen, die umliegenden Wälder stehen unter Naturschutz. Hier leben rund 160 Vogelarten, darunter Kormorane, Graugänse, Kanadagänse, Silberreiher und Eisvögel, aber auch andere Tiere wie Biber, Otter, Ringelnattern, Feldhasen, Wildschweine und Füchse, und wer weiß, vielleicht bald auch Wölfe. Wanderer dürfen die Schutzzone nicht betreten, nur von vereinzelten Punkten des gut ausgebauten Wegenetzes aus kann man einen Blick auf die Talsperre werfen.

Und trotzdem ist die Wiehltalsperre eines der bekanntesten Gewässer von Deutschland. Jeder hat ihr malerisches Bild schon gesehen, denn seit Mitte der Neunzigerjahre flimmert es beharrlich durch die Fernsehwerbung. Und seit dieser Zeit erreichen die damit werbende Krombacher Brauerei wöchentlich stets an die hundert Anfragen von Zuschauern, die wissen möchten, wo die berühmte Krombacher Insel liegt. Ist es in Neuseeland, in Kanada, in Skandinavien?

Wie erstaunt mögen die Anrufer sein, wenn sie die Antwort hören! Der Werbestar liegt in einer der drei Vorsperren der Wiehltalsperre, nur zwanzig Kilometer von der Siegerländer Brauerei entfernt im Oberbergischen Land! Und für die Werbespots muss nichts beschönigt oder am Computer aufgehübscht werden. Die Landschaft ist tatsächlich so atemberaubend schön.

Damit nun auch jeder einen Blick auf das legendäre Bild erhaschen kann, hat der Aggerverband einen Aussichtsturm am Wanderweg A'5 errichtet, den man vom Wanderparkplatz in Nespen aus erreicht. Wer noch mehr erfahren möchte, kann an einer der mehrfach jährlich stattfindenden Wanderungen teilnehmen, die von einem Förster geführt werden. In seiner Begleitung darf man über verbotene Wege gehen und auch den sonst nicht zugänglichen Vorstaudamm betreten.

Der Rundweg um die Wiehltalsperre führt auch durch die Branscheider Wacholderheide, eine der letzten verbliebenen Wacholderheiden im Bergischen Land. Als in der Vergangenheit die bergischen Wälder noch weitgehend abgeholzt waren, ist der Wacholder eine der wenigen Pflanzen gewesen, die sich noch behaupten konnten.

Das Netz der markierten Wanderwege in den Wäldern um die Wiehltalsperre umfasst stolze sechzig Kilometer. Wer hingegen Badefreuden sucht, zur Bootstour aufbrechen möchte, einen Uferspaziergang unternehmen oder einfach nur von einer Bank aus aufs Wasser schauen und die Idylle genießen möchte, der sollte sich für eine der anderen bergischen Talsperren entscheiden. Talsperren gibt es wirklich zur Genüge, und dort findet man alle erdenklichen Freizeitmöglichkeiten am Wasser.

Mein Urgroßvater hat den Untergang des Dorfes Auchel nicht mehr miterlebt. Immerhin erinnert noch das Wasserwerk an den kleinen Weiler, denn es heißt „Wasserwerk Auchel". Der Entnahmeturm befindet sich hundert Meter vom Hauptdamm der Talsperre entfernt, der mit 360 Metern Länge, 195 Metern Dicke an der Talsohle und 53 Metern Höhe recht beachtliche Ausmaße hat. Zusammen mit dem Wasser der Genkeltalsperre werden so rund eine halbe Million Menschen mit Trinkwasser versorgt. Das Wasser ist von hoher Qualität und ausgesprochen weich. Die Leitungen reichen über das Oberbergische hinaus bis ins Altenkirchener Land und zur Stadt Wissen.

So ist die Wiehltalsperre eine lebenspendende Quelle für Menschen und Natur geworden. Ob das die Einwohner der versunkenen Dörfer getröstet hätte?

Bergische Brotsuppe

Zutaten für 4 Personen: *2 Scheiben Schwarzbrot, 2 Scheiben Weißbrot, 250 ml Milch, 2 Äpfel, 100 g Rosinen, 50 g Rohrzucker, 1 unbehandelte Zitrone, 1 Tl Zimt, Salz*

Zubereitung: *Das Brot in einen Topf mit 1 l leicht gesalzenem Wasser geben, aufkochen und 10 Minuten lang köcheln lassen. Anschließend die Flüssigkeit durch ein Sieb streichen und zurück in den Topf geben. Milch, Rosinen, Zucker, Zimt und eine Prise Salz hinzugeben und erneut aufkochen lassen. Die Zitrone waschen, den äußersten gelben Anteil der Schale abreiben und zur Suppe geben, anschließend die Zitrone auspressen und den Saft ebenfalls zur Suppe geben. Die Äpfel schälen, entkernen, vierteln und in dünne Scheiben schneiden, zur Suppe geben und 2 Minuten lang mitkochen lassen. Die Suppe kann warm gegessen werden, schmeckt im Sommer aber auch kalt.*

Eine Elfe aus Solingen – Pina Bausch

Der im Stil der Fünfzigerjahre gestaltete Eingang des Wuppertaler Opernhauses hat mich sehr beeindruckt, als ich ihn als Fünfjährige zum ersten Mal durchschritt, um mit meinen Großeltern die Oper „Hänsel und Gretel“ zu besuchen. Für mich war es eine unvergessliche Premiere, doch niemand konnte damals ahnen, dass das Opernhaus von Wuppertal nur wenige Jahre später zum Schauplatz einer künstlerischen Revolution werden sollte. Und dass damit die eher bescheidene Spielstätte geradewegs in den Olymp des Kulturhimmels emporkatapultiert würde. „Wuppertal“ – beim Klang dieses Wortes sollten schon bald die Tanzbegeisterten in aller Welt vor Ehrfurcht erstarren. Wie konnte das bloß möglich sein – mitten in der bergischen Provinz?

Es war eine zierliche, bescheidene Gastwirtstochter aus Solingen, der dieses Meisterstück gelingen sollte. 1940 geboren erlebte sie als Kind die Kriegsjahre und die entbehrungsreiche Zeit der ersten Nachkriegsjahre, Eindrücke, die sie maßgeblich prägten und in ihrem späteren Wirken Ausdruck finden sollten. Zwar half sie wie ihre Geschwister im elterlichen Betrieb, doch schon als kleines Kind wusste sie sehr genau, was sie wollte: tanzen! Sie nahm Ballettunterricht, liebte es, bei Aufführungen mitwirken zu dürfen, und begann schon mit vierzehn Jahren ein professionelles Tanzstudium.

Ihr Lehrer war jedoch nicht irgendwer. Sie schrieb sich bei Kurt Jooss ein, dem genialen Ballettmeister der Essener Folkwangschule. Jooss hatte Deutschland 1933 verlassen, aus Solidarität mit seinen jüdischen Kollegen, ohne die er nicht weiterarbeiten wollte. 1949 war er zurückgekehrt und hatte seine Tätigkeit in Essen wieder aufgenommen. Dabei trotzte er starken Widerständen. Die Stimmung im Nachkriegsdeutschland war eisig gegenüber allen neuen Ideen, vor allem, wenn sie von jemandem kamen, der wegen der Naziherrschaft ins Ausland emigriert war. Das Publikum war konservativ, man wollte klassisches Ballett sehen, aber nicht das, was Jooss auf die Bühne brachte. Denn Jooss befreite den Tanz von den starren Mustern der stilisierten klassischen Bewegungsvorgaben. Er gehörte zur Avantgarde, die den Tanz als Ausdrucksform betrachtete, durch die mit vollem Einsatz des Körpers psychologische, gesellschaftliche und philosophische Themen eindringlich auf die Bühne gebracht werden konnten.

In Pina Bausch fand Jooss seine Meisterschülerin. Sie schloss ihr Studium 1958 mit Bravour ab und setzte ihre Ausbildung mit einem Stipendium in den USA fort. Schließlich erhielt sie ein Engagement an der Metropolitan Opera in New York. Doch als Jooss Anfang der Sechzigerjahre dank engagierter Sponsoren in Essen das Folkwang-Ballett gründen konnte, gelang es ihm, sie zur Rückkehr in die Heimat zu bewegen. Bis 1973 leitete sie die Folkwang-

Studios in Essen. Einer ihrer großen Bewunderer war der fortschrittsbegeisterte Intendant der Wuppertaler Bühnen. Entgegen allen Hindernissen gewann er Bausch für Wuppertals Ballettsparte. Hier sollte sie völlig freien Spielraum zum Ausleben ihrer künstlerischen Kreativität haben, eine Verlockung, der sich die geniale Choreographin nicht entziehen konnte.

Bausch verabschiedete sich am neuen Tanztheater Wuppertal schnell von allen klassischen Konventionen. Sie setzte auf expressive Bühnendekorationen und improvisiert wirkende Inszenierungen, eindringliche Collagen, bizarre Impressionen aus dem Grenzbereich von Traum und Realität, mitunter schockierende visuelle Eindrücke, absurde Handlungsabläufe, szenische Wiederholungen und verwirrende Parallelhandlungen. Bilder und Körperbewegungen, die noch niemand zuvor auf die Bühne gebracht hatte und deren eindringlicher psychologischer Macht man sich kaum entziehen konnte. Hier ging es um tief verborgene Ängste, um Liebe, Tod und Hass, um Sehnsucht, Missbrauch und Gewalt. Mitunter standen bis zur Premiere weder der genaue Ablauf noch der Titel des Stücks fest. Denn Pina Bausch setzte auf spontane Intuition. Ihre Stücke, so sagte sie, sollten von innen nach außen wachsen, statt einem starren chronologischen Ablauf unterworfen zu sein. Kein Risiko war ihr dabei zu gewagt. Jedoch legte sie äußersten Wert auf künstlerische Perfektion und durchgängig herausragende Qualität der Darbietungen.

Die Reaktionen waren gespalten. Man warf ihr „Ekligkeit“ und „verquältes Psychologisieren“ vor, und so mancher Traditionalist wandte sich empört von Bauschs neuartigem Tanztheater ab. Schlimmer noch, Bausch sah sich mit öffentlichen Anfeindungen konfrontiert, mit Buh-Rufen, Anspucken und sogar mit nächtlichem Telefonterror.

Doch schnell fanden sich auch aufgeschlossene Avantgardisten, die in Bauschs Verschmelzung von klassischem Tanz, Modern Dance, Pantomime, Musical, Gesang und Sprechtheater eine grandiose und revolutionäre Ausdrucksform erkannten. Ihr Stern am internationalen Kulturhimmel stieg rapide auf. Trotz der scharfen Kritik genoss das Wuppertaler Tanztheater schon in den Siebzigerjahren in Fachkreisen großes Renommee, und spätestens seit den Achtzigern wurde es zur Legende. Die Wuppertaler Aufführungen waren inzwischen Monate im Voraus ausgebucht. Das Ensemble tourte durch die ganze Welt, mit hunderten von Gastspielen ging es durch mehr als vierzig Länder.

Als Pina Bausch 1998 ihr 25-jähriges Bühnenjubiläum feierte, da ehrte die internationale Tanzszene sie mit einem mehrwöchigen Tanzfest als unumstrittene Königin des Tanzes. Bauschs bahnbrechende Choreografie war längst auch in eher wertkonservativen Kreisen als epochemachend anerkannt. Sie hat die Ausdrucksform des Tanzes reformiert und grundlegend umgekrempelt, dank Pina

Bausch steht das deutsche Tanztheater international an einer wegweisenden Spitzenposition.

Sie wurde mit dem Bundesverdienstkreuz ausgezeichnet, 2008 erklärte die Stadt Wuppertal sie zur Ehrenbürgerin, außerdem zollten zahlreiche Kunstpreise ihrem Schaffen Respekt.

Deshalb war es ein großer Schock, als Pina Bausch 2009 im Alter von 68 Jahren ganz plötzlich starb. Noch wenige Tage zuvor hatte sie mit ihrer Company auf der Bühne des Wuppertaler Opernhauses gestanden. Doch dann wurde Lungenkrebs bei ihr diagnostiziert, schon fünf Tage später war sie tot.

Der Regisseur Wim Wenders war tief erschüttert. Seit langem hatte er ein Filmprojekt geplant, mit dem er Pina Bauschs Welt dokumentieren und auf die Leinwand bringen wollte. Allerdings sah er keine technische Möglichkeit, den Aufnahmen die tiefe Eindringlichkeit zu vermitteln, die er sich vorstellte. Aber dann kam die digitale 3D-Technologie. Das war es, was Wenders sich vorgestellt hatte! Die Tänzer würden mithilfe der 3D-Effekte scheinbar plastisch in den Raum treten und so die Zuschauer ganz in ihren Bann ziehen können. Der Drehbeginn war für September 2009 geplant, zwei Monate zuvor starb Pina Bausch.

In Übereinstimmung mit dem Ensemble entstand der Film trotzdem. Er zeigt das Schaffen Pina Bauschs und die Wirkung ihrer Persönlichkeit in kurzen, anrührenden

Schilderungen ihrer Mitarbeiter, vor allem jedoch mit rasend schönen, verrückten oder dramatisch verzweifelten Tanzszenen aus den verschiedensten Choreografien, die Pina Bausch im Lauf der Jahrzehnte in Szene gesetzt hat. So hat Wim Wenders ein eindringliches Portrait geschaffen und der großen Tanzkünstlerin gleichzeitig ein würdiges Denkmal gesetzt.

The show must go on. Am Wuppertaler Tanztheater wird weitergearbeitet. Und die künstlerische Welt der Pina Bausch bleibt lebendig.

Bergischer Platz

Zutaten: *1000 g Mehl, 125 g Butter (zimmerwarm), 400 ml Milch, 1 Ei, 100 g Zucker, 100 g Rosinen, 80 g Zitronat, 1 ½ Würfel Hefe, Salz*

Zubereitung: *Die Milch lauwarm erhitzen. Eine Tasse davon abnehmen, den Zucker hineinrühren und die Hefe darin auflösen. 5 Minuten lang stehenlassen, dann das Mehl in eine Schüssel geben, Milch und Hefe-Zuckerlösung darüberschütten, das Ei, die Butter sowie 1 Tl Salz hinzugeben und alles kräftig zu einem geschmeidigen Teig verarbeiten. An einem warmen Ort 30 Minuten lang abgedeckt gehen lassen, dann Zitronat und Rosinen hinzugeben und alles noch einmal kräftig kneten. Einen Laib formen, auf ein mit Backpapier ausgelegtes Backblech legen, längs an der Oberseite einschneiden und noch einmal 10 Minuten lang gehen lassen. Danach im vorgeheizten Backofen bei 180°C ca. 1 Stunde lang backen.*

Schmeckt köstlich mit Butter und Salz. Bei der Kaffeetafel gibt man Milchreis darauf, und mein Mann isst Platz am liebsten mit Salami.

Lagerfeuer im Eichengrund – Waldbröl und die Lieder

Wenn Sie zu den Lesern etwas fortgeschritteneren Alters gehören, dann erinnern Sie sich bestimmt noch daran. Wir waren eine Gruppe junger Leute, und wir machten uns gerade auf den Weg, unseren eigenen Platz in dieser Welt zu entdecken. Wenn sich die Gelegenheit ergab, haben wir abends ein Lagerfeuer angezündet und uns darum geschart. Je nachdem, ob wir ein kirchlich oder ein weltlich orientierter Jugendzirkel gewesen sind, kreiste dann entweder eine Apfelsaftflasche oder eine Pulle Rotwein, und mindestens einer von uns hatte die Gitarre dabei. Doch egal, ob wir christlich oder politisch motiviert waren, ob Pfadfinder, Sportlertruppe, Schulklasse oder einfach nur eine Clique von Freunden, wir griffen in die hintere Tasche unserer ausgewaschenen Jeans und holten ein knittriges rotes Büchlein vom Format der Mao-Bibel hervor. Und dann begannen wir inbrünstig zu singen.

Oft sangen wir, ohne wirklich über den Inhalt der Texte nachzudenken. Wir nahmen, was kam, ob religiöse Lieder, getragene alte Volksweisen oder die Gassenhauer der Weltenbummler. Den meisten Spaß hatten wir, wenn wir einfach nur lauthals die herrlichen Nonsens-Songs erschallen ließen. Dann gesellte sich der amüsierte Bolle zu uns, die Affen kamen mit der geklauten Kokosnuss und drei Chinesen mit dem Kontrabass, die Oma fuhr im

Hühnerstall Motorrad, und die unbelehrbare alte Flunder verliebte sich zum ungezählten Mal in den jungen, schlanken Harung. Diese lauen Sommerabende am Lagerfeuer, die wir an der Schwelle zum Erwachsenwerden erlebten, waren kostbare Momente voller Unschuld. Und noch heute löst die Erinnerung ein seliges Wohlbehagen aus.

Das kleine rote Büchlein war der unentbehrliche Begleiter dieser Stunden. Denn darin stand alles, was wir brauchten, um mitsingen zu können: die Mundorgel, das Standardwerk deutscher Hobbymusikanten. Sie entstand 1953 aus der Idee vier junger Leute, die es satt hatten, beim Singen stets nach der ersten Strophe abbrechen zu müssen, weil keiner mehr wusste, wie es weiterging. Der CVJM übernahm das Projekt, und die jungen Leute stellten alles zusammen, was ihnen an Liedern spontan in den Sinn kam. So enthält die Mundorgel zwar einen Gutteil religiös geprägter Stücke, mehrheitlich jedoch weltliche Weisen verschiedenster Prägung.

Zunächst hatte man es noch nicht so genau genommen, und so listete die Mundorgel auch einiges Liedgut, das von den Nationalsozialisten vereinnahmt worden war. In späteren Auflagen hat man das korrigiert, Lieder der Hitler-Jugend wurden genauso eliminiert wie alles, was militaristisch oder rassistisch eingefärbt daherkam. Der Einband war zunächst noch grün wie die Hemden der CVJM-Mitglieder, später wandelte er sich über orange und violett, bis er schließlich in den Sechzigerjahren zu seinem typischen Rot gefunden hat. Das Heftchen ist dünn und schlicht, deshalb kann es billig hergestellt und vertrieben werden, es ist für jedermann erschwinglich, und wenn es Eselsohren oder Rotweinflecken bekommt, dann ist das nicht so schlimm.

Der Waldbröler Drucker Anton Heise hatte eher zufällig den Auftrag zum Druck der ersten Exemplare der Mundorgel erhalten. Dieter Corbach, einer der vier Initiatoren des Projekts und aktives Mitglied des CVJM, kam ebenfalls aus Waldbröl und hatte sich bei Heise nach den Kosten für 500 Exemplare mit je 48 Seiten erkundigt. Das Ganze musste schnell gehen, denn schon zwei Wochen später wurden die Heftchen für eine Jugendfreizeit im Westerwald gebraucht. Drucker Heise brachte die Erstauflage per Fahrrad in deren Zeltlager, und die restlichen Büchlein wurden bei anderen Jugendfahrten für fünfzig Pfennig pro Stück verkauft.

Der Erfolg war sensationell. Von den kirchlichen Gruppen ausgehend verbreitete sich die Kunde von der Mundorgel wie ein Lauffeuer und erfasste Pfadfinder und Wandervereine, selbst in den Schulunterricht hielt die Mundorgel Einzug. Seit den Sechzigerjahren erscheint zusätzlich eine erweiterte Ausgabe mit Noten und Gitarrengriffen, und in ihrem erfolgreichsten Jahr 1975 stand die Mundorgel auf dem sensationellen fünften Platz der Jahresbestsellerliste, noch vor Johannes Mario Simmel und Alexander Solschenizyn. Wöchentlich verließen damals zehntausend Exemplare die Druckerei, heute sind es immerhin noch tausend.

Denn seit Beginn der Achtzigerjahre ist der Zenit des Erfolgszugs der Mundorgel überschritten. War das gemeinsame Singen in den Siebzigerjahren noch eine stimulierende Droge, die gute Laune auslöste und die Gemeinschaft förderte, so kamen allmählich transportable Musikabspielgeräte in Mode, vom Kassettenrecorder über den Ghettoblaster und den Walkman bis hin zum MP3-Player. Damit spielte die Jugend jetzt ab, was angesagt war, und die alten Volkslieder wirkten dagegen ziemlich angestaubt und bieder. Für die Mundorgel hörte die moderne Musik spätestens bei den Beatles oder bei Protestsongs von Wolf Biermann auf, den nachfolgenden Generationen musste man erst einmal erklären, was das überhaupt war. Gleichzeitig mit der neuen Möglichkeit, die ganz persönliche Musikauswahl auch unterwegs bestimmen zu können, wich das Gemeinschaftsgefühl dem Individualismus. Der alte Zauber ist Vergangenheit, das sehnsuchtsvolle Gefühl, das uns ergriff, wenn die Heimatlieder erklangen, ist nur noch der Hauch einer Erinnerung.

Einer der größten Hits der Mundorgel ist „Kein schöner Land“, das die idealisierte Szene beschreibt, in der wir uns am Lagerfeuer fanden: Freunde, die abends unter Linden zusammensitzen und fröhlich singen. Von den Linden im Tal klingen die Lieder weiter bis in den Eichengrund, und schließlich übergeben wir unser Schicksal demutsvoll in Gottes Hände, der oben im Himmel über uns wacht. Wir brauchen uns dabei gar keine Sorgen zu machen, denn „uns zu behüten ist er bedacht". Fast möchte man dahinschmelzen bei so viel zuckersüßer Heimeligkeit.

Es ist nicht nur der Text, mit dem hier die Heimatromantik verklärt wird, es ist auch die erhabene Andacht und die Simplizität der Melodie, die mit einfachen, sich stets wiederholenden Harmonien auskommt. Damit windet sie sich wie eine psychedelische Spirale und zieht Zuhörer wie Sänger unaufhaltsam in eine kuschlige Sphäre der Seligkeit. Sie erinnert an ein einlullendes Wiegenlied, und so heißt es in der letzten Strophe auch konsequent „Nun, Brüder, eine gute Nacht".

Diese geniale Zusammenstellung der Zutaten hat dem Lied zu ungeheurer Popularität verholfen, es ist das Kleinod unter den Heimatliedern schlechthin. Als romantischer Gegenentwurf zur Industrialisierung entstanden, wurde es unter der reformbewegten und naturverbundenen Jugend der Wandervögel zum Erfolgsschlager. Die Hitlerzeit überstand es unbeschadet, denn die Nationalsozialisten lehnten die darin enthaltene Religiosität strikt ab. So konnte es später Einzug in die Mundorgel halten und mithilfe des roten Büchleins einen Triumphzug durch Nachkriegsdeutschland starten. Und wer hat den Geniestreich vollbracht? Ein Mann aus Waldbröl.

Anton Wilhelm Florentin von Zuccalmaglio wurde 1803 in Waldbröl geboren. Seine Eltern hatten in Burg an der Wupper geheiratet, der Vater war Notar. Wie die Familie an den italienischen Namen gekommen sein mag, ist nicht überliefert. Wörtlich übersetzt heißt „Zucca maglio“ so viel wie „Kürbishammer“, womit wir auch nicht wirklich weiterkommen. Allerdings ist es im 18. Jahrhundert in Künstlerkreisen nicht unüblich gewesen, deutsche Namen zu italianisieren, um zum Beispiel als Musiker glaubwürdiger zu wirken. Vielleicht hatte sich ein Vorfahr der Zuccalmaglios dieser Methode bedient.

Als Einjähriger zog Zuccalmaglio mit seiner Familie ins bergische Schlebusch, wo er aufwachsen sollte. Wenn er auch später als Erwachsener viel herumkam, so blieb er doch zeitlebens seiner Heimat eng verbunden. Wie sein Vater wurde er Jurist, dennoch war er auch ein romantischer Schwärmer, alten Volksliedern und der Kirchenmusik in höchstem Maße zugetan. Er betrieb Heimatforschung und nannte sich schon während seiner Studienzeit „Wilhelm von Waldbühl“, womit er wohl Waldbröl meinte.

Die Lieder, die er während seiner Kindheit und Jugend im Bergischen Land gehört hatte, schrieb er zusammen mit seinem Bruder auf. 1838 veröffentlichte er den ersten Band dieser Liedersammlung, sozusagen einen Vorläufer der Mundorgel. Der zwei Jahre später erschienene zweite Band enthielt dann das Abendlied „Kein schöner Land in dieser Zeit“. Zuccalmaglio hat es selbst komponiert, indem er sich verschiedener Passagen altbekannter Volkslieder bediente und diese zu einem gefälligen

Potpourri neu zusammenmischte. Ein Remix, der zum Evergreen wurde.

So ist denn dank Zuccalmaglio und der Mundorgel die Stadt Waldbröl so etwas wie eine Wiege der volkstümlichen Liederbücher. Nicht nur das Abendlied, auch die Mundorgel hat die Zeit überdauert. Der Verlag sitzt heute in Lindlar, und das Standardheftchen ist mit 3,50 Euro noch immer erschwinglich. Wann treffen wir uns am Lagerfeuer?

Puffert

Zutaten für 4 Personen: *500 g Mehl, 300 ml Milch, 2 Eier, 30 g Butter (zimmerwarm), 1 Würfel Hefe, 80 g Zucker, Salz, Butter zum Einfetten der Puddingform*

Zubereitung: *Die Hefe mit der Hälfte des Zuckers in eine Tasse geben und so lange mit einer Gabel zerdrücken und verrühren, bis die Hefe flüssig ist. Das Mehl in eine Schüssel geben, die lauwarme Milch, die Eier, die Butter, die Hefemischung, den restlichen Zucker und eine gute Prise Salz hinzufügen, alles gut vermischen und so lange schlagen, bis der Teig beginnt, Blasen zu werfen. An einem warmen Ort abgedeckt 30 Minuten lang gehen lassen.*

Eine dicht verschließbare Puddingform von innen gut mit Butter einfetten. Den Teig noch einmal durchrühren, hineinfüllen und die Puddingform verschließen. Im Wasserbad 50 Minuten lang garen, dann auf eine Platte stürzen.

Nach Geschmack mit Puderzucker bestreuen.

Den Puffert verspeist man mit Kompott.

Phantome der Nacht – unheimliche Vorgänge an der Düssel

In besonders frostigen Winternächten glitzern manchmal Eiskristalle an den dunklen Ästen der kahlen Bäume, die erstarrt in den Sternenhimmel ragen. Der frische Schnee knirscht unter den Schuhsohlen, und vom Schlossteich in Aprath steigt dichter Dunst auf. Noch ist das Wasser nicht gefroren und trotzt der eisigen Starre. Die Dunstschwaden wabern im bleichen Mondlicht über des Teiches bleiernen Spiegel und scheinen sich allmählich zusammenzuballen. Irritiert schaue ich noch einmal hin. Kräuselt sich dort nicht die Wasseroberfläche? Hebt sich nicht etwas aus der Tiefe und steigt mit dem unheildrohenden Nebel in die frostklirrende Winterluft empor?

Kein Zweifel, dort kommen fahle, verhüllte Gestalten. In einem schweigenden Zug entsteigen sie unaufhaltsam dem düsteren Nass. Sie nehmen den Weg zum Dörflein Düssel hin, wo sie in einer schemenhaften Prozession über den stillen Friedhof wandeln. Bald darauf kehren sie um, scheinen wie Schatten über die Straße zu schweben und gleiten schließlich langsam wieder hinab in den nachtschwarzen Schlossteich.

Panisch vor Furcht würde ich jetzt die Flucht vor dem dämonischen Geisterzug ergreifen, wenn es nicht nur eine alte Sage wäre, die ich mit wohligem Schaudern abends am knisternden Kaminfeuer gelesen habe. Es heißt, dass vor Zeiten der Schlossherr von Aprath ein fieser Geselle war, in harten Wintern ohne jedes Erbarmen für seine frierenden Untertanen, und schlimmer gar, auch seine arme Frau soll der Finsterling einst in jenem Teich ertränkt haben, als er ihrer überdrüssig geworden war. Zur Strafe muss er nun in harschen Winternächten mit einem schauervollen Leichenzug vom Schlossteich in Aprath bis zum Kirchhof im Dörfchen Düssel spuken, um seiner bedauernswerten Frau dort die letzte Ehre zu erweisen. Immerhin ein anderthalb Kilometer langer Weg für die nächtlichen Phantome, und die gleiche Strecke noch einmal zurück.

Beschäftigt man sich mit der Sagenwelt des Niederbergischen Landes, dann fällt auf, dass die Gegend um Wülfrath einige schaurige Gespenstergeschichten hervorgebracht hat. Neben der Sache mit dem Leichenzug ist da noch die schauerliche Erzählung von den fünf Kartenspielern aus der Aprather Mühle, die ganz in der Nähe des Schlosses liegt. Nacht für Nacht sollen die finsteren Gestalten hier um Mitternacht zusammenkommen, genauso plötzlich, wie sie sich um Punkt zwei Uhr wieder in Wohlgefallen auflösen. Warum das geschieht, und ob die Geister demjenigen ein Unheil tun würden, der sich versehentlich bei Nacht in die Mühle verirrt, ist nicht überliefert. Die Mühle war einst eine Bannmühle, doch das hieß nur, dass die Bauern durch herzogliches Edikt dazu gezwungen waren, ihr Korn hier mahlen zu lassen. Sind die Erscheinungen erfolgsverwöhnte Müllersburschen, die sich die Zeit vertreiben, während sie immer wieder aufs Neue vergeblich auf Kundschaft warten? Bei der neuesten Restaurierung des Gemäuers tauchten mancherlei Stichwaffen im Mühlenteich auf, gab es hier einst Duelle im Morgengrauen, und sind die Kartenspieler die geisterhaften Wiedergänger der Duellanten? Im 19. Jahrhundert brannte die alte Mühle ab und musste neu errichtet werden, ob die Zockerrunde einfach nur aus Bauarbeitern besteht, die vergessen haben, heimzugehen?

Doch mit diesen Spukgelichtern nicht genug, da gibt es noch die Nachtwandlerin an der Düssel, eine schofelige Bäuerin, die einst an der Straße wohnte, die der gruselige Leichenzug des besagten Schlossherrn in klirrend kalten Winternächten entlangzieht. Die unfreundliche Frau beschimpfte nicht nur ihr Gesinde aufs Heftigste, sie wies auch jeden Bettler kaltherzig ab und schüttete die übrig gebliebenen Speisen lieber in den Schweinetrog, als sie den Hungernden zu überlassen. So viel Grausamkeit konnte nicht ungesühnt bleiben, und so musste sie nach ihrem Ableben Nacht für Nacht im Schweinestall erscheinen, wo sie jammernd und klagend herumirrte und die Tiere nervös machte, ohne dass man ihrer ansichtig wurde.

Immerhin fand diese Geschichte ein Ende, denn eine mutige Magd fasste sich eines Abends ein Herz und übernachtete bei den Schweinen. Als das Klagen anhob, fragte sie unerschrocken nach der Ursache, und eine Stimme raunte ihr zu, sie finde im Grab keine Ruhe. Sie sei so unbarmherzig gewesen, das wolle sie wieder gutmachen, deshalb solle doch bitte von nun an alles entbehrliche Essen an die Armen verteilt werden. Eine einfache Lösung, die Magd erfüllte ihren Wunsch und fortan war Ruhe.

Doch welche geheime Magie wohnt dieser Gegend um das Dorf Düssel inne? Hier war es auch, wo ein unheimlicher Fuhrmann sein Unwesen trieb, der es vermochte, mit geheimnisvoll dahingewisperten Sprüchen eine ganze Kutsche samt Pferden in eine unlösbare Starre zu versetzen. Seine schwarze Kunst war so machtvoll, dass auch Gebete nichts dagegen auszurichten vermochten, erst musste dazu noch eine Radspeiche zerschlagen werden. Was für ein düsterer Geselle ist dieser Fuhrmann gewesen?

Der kleine Weiler Düssel scheint eigentlich recht friedlich zu sein. Er liegt am Ufer des gleichnamigen Flüsschens südöstlich der Ortsmitte von Wülfrath. Der historische Kern von Düssel ist ausgesprochen hübsch, es gibt eine alte Wasserburg, und außerdem stammt der bergische Heimatdichter Carl Schmachtenberg aus der Gegend. Er wurde 1848 auf einem Gutshof bei Aprath geboren und hat schon als Kind Geschichten aufgeschrieben. Ob er es gewesen ist, der seinem Zeitgenossen, dem Heimatforscher Otto Schell aus Elberfeld, die Sagen aus Aprath und Düssel zugetragen hat? Jener hat sie nämlich zusammengefasst und niedergeschrieben. Schmachtenberg wurde in seiner Heimat sehr verehrt, doch ist er sein Lebtag lang so gut wie niemals fort vom heimischen Hof Gut Hugenbruch gewesen. Es heißt, dass es ihn schauderte, wenn er sein Haus verlassen musste. Nach allem, was wir über die Umgebung erfahren haben, ist das wohl nur zu verständlich.

Bergische Forelle mit Steckrübenpüree

Zutaten für 4 Personen: *4 küchenfertige Forellen, 120 g Butter, 600 g Steckrüben, 2 Zitronen, 250 ml Gemüsebrühe, 1 kl. Bd. Blattpetersilie, Muskatnuss, grobes Salz, Salz, Pfeffer*

Zubereitung: *Eine Zitrone auspressen. Die Forellen unter fließendem Wasser gründlich abspülen, mit Küchenkrepp trocken tupfen, mit Zitronensaft beträufeln und innen und außen pfeffern sowie mit grobem Salz bestreuen. 60 g Butter in einer ofenfesten Pfanne zerlassen und die Forellen von beiden Seiten kurz kräftig anbraten. Den Backofen auf 180°C vorheizen und die Pfanne mit den Forellen für 30 Minuten hineinstellen. Nach der Hälfte der Zeit die Forellen wenden.*

Die Petersilienblättchen abzupfen und fein hacken. Die verbliebene Zitrone vierteln.

Die Steckrüben schälen und in Stücke schneiden. Die restliche Butter in einem Topf zerlassen und die Steckrüben darin rösten, bis sie leicht braun werden. Dann mit der Gemüsebrühe ablöschen, aufkochen lassen und danach bei mittlerer Hitze 20 Minuten lang garen. Mit dem Kartoffelstampfer zu Brei zerkleinern, mit Salz und Pfeffer abschmecken und ¾ der Petersilie unterrühren.

Die Forellen auf vorgewärmten Tellern zusammen mit dem Gemüse anrichten, jeweils ein Zitronenviertel dazulegen und die restliche Petersilie darüberstreuen.

Dazu passen Salzkartoffeln.

Vom Riechen und Schmecken – Sinneseindrücke im Freilichtmuseum Lindlar

Gerade ist mir unser „Lokal-Anzeiger" in die Hände gefallen, und meine Aufmerksamkeit richtete sich auf einen Bericht aus Hermesdorf. Es geht um die alte Dorfschule aus dem Jahr 1861, und das zugehörige Foto zeigt ein baufälliges Gebäude aus Schiefer und Bruchstein, dessen Fenster vernagelt sind. Wahrlich keine Schönheit, aber sogleich muss ich an meinen Großvater denken. Denn der ist vor gut hundert Jahren dort zur Schule gegangen.

Ich lese von dem langwierigen Streit, der wegen der Zukunft des alten Schulgebäudes geführt wurde, ein Tauziehen zwischen Abbruch und Sanierung, und dann freue ich mich über die Lösung des Problems, die inzwischen gefunden wurde. Das gesamte Schulgebäude zieht um, von Hermesdorf ins Freilichtmuseum von Lindlar. Dort wird es hübsch wiederhergerichtet und in den Originalzustand von 1861 zurückversetzt. Die enormen Kosten werden vollständig von den Mitgliedern und Förderern des Museums getragen. Was mein Großvater wohl dazu gesagt hätte?

Als ich vor einigen Jahren das Freilichtmuseum in Lindlar zum ersten Mal besuchte, da hatte ich ein intensives Erlebnis, das mich tief ergriffen hat. Ich betrat gleich das erste Bauernhaus, das am Weg lag, es war der „Hof Peters". Schlagartig war es, als hätte ich das Tor eines geheimnisvollen Zeittunnels durchschritten und sei geradewegs in meine Kindheit zurückversetzt worden. Denn drinnen sah es nicht nur ganz genauso aus wie im Haus meiner Urgroßeltern in Hermesdorf, weitaus beeindruckender war es für mich, dass es exakt genauso roch. Wir unterschätzen ja oft die Kraft der Gerüche, weil man sie weder sehen noch berühren kann. Doch Gerüche prägen sich tief im Unterbewusstsein ein und haben eine ganz enorme Macht, wenn es darum geht, Erinnerungen zu wecken. Ein ähnlich intensives Erlebnis hatte ich übrigens in der inzwischen abgerissenen Unterführung am Döppersberg in Wuppertal-Elberfeld, als ich sie nach fast vierzig Jahren zum ersten Mal wieder betrat. Der pudrig-süßliche Geruch ist einzigartig, und er war noch ganz genau wie damals. Plötzlich bin ich wieder das kleine Mädchen gewesen, das mit seiner Freundin eine Flaschenpost durch Wuppertal trägt, um diese von einer Brücke aus in den Fluss zu werfen.

Der Hof Peters versetzte mich nach Hermesdorf, und wieder war ich ein kleines Mädchen. Ich bog um die Ecke vom Flur ins Esszimmer und erwartete fast, dort Tante Mina auf der Suche nach ihrer „Däsche" zu begegnen. Stattdessen traf ich eine nette Museumsangestellte in bäuerlicher Tracht. Sie wunderte sich nicht über meine Begeisterung, ähnliche Reaktionen kannte sie längst von anderen Besuchern, die geradewegs zurück in ihre Kindheit katapultiert worden waren. Eine „Däsche" suchte sie nicht, aber sie hatte einen großen Topf mit „Ierpeln" auf die

Küchenhexe gesetzt, aus denen sie später einen leckeren Salat zubereiten wollte. Und dann schickte sie mich die Holzstiege hinauf nach oben, wo ich mir unbedingt die Original-Einmachgläser von 1927 ansehen sollte. Tatsächlich, da waren Kirschen und Stachelbeeren, Erbsen und grüne Bohnen. Ob man das wohl noch essen kann?

Im Freilichtmuseum von Lindar wird nicht nur altes Obst und Gemüse, sondern auch der Lebensalltag unserer Vorfahren liebevoll konserviert. Hier spürt man in jedem Winkel, dass die Mitarbeiter des Museums mit Herz und Seele bei der Sache sind. Sie freuen sich über jeden Besucher, dem sie etwas zeigen oder erklären können, und ihre Leidenschaft ist dabei so ansteckend, dass man sich dem unmöglich entziehen kann. Schon bald habe ich das gleiche Leuchten in den Augen wie sie, als ich mit meiner Familie durch das weitläufige Terrain des Museums streife. Hier gibt es Felder und Wiesen, auf denen in Vergessenheit geratene bergische Nutztierrassen überleben dürfen. Da grasen die kleinwüchsigen Rinder des „Roten Höhenviehs“, die sich so wunderbar als Zugtiere in der hügeligen Landschaft eigneten, hier suhlen sich die mächtigen Schweine der Rasse „Bunte Bentheimer“ unter freiem Himmel. Da schwingt der Schmied in der alten Schmiede den Hammer über dem Amboss, da werkeln tüchtige Gärtner in liebevoll angelegten Bauerngärten, und bei Führungen oder Mitmach-Seminaren kann jeder hautnah erleben, wie sich das Landleben im Bergischen früher so angefühlt hat. Am

Brezeltag gibt's Burger Brezeln, auf dem Bauernmarkt heimische Produkte, für stimmungsvolle Abwechslung sorgen Märchentage, Martinszug, Obsternte oder Treffen historischer Vehikel.

Es gibt so viel zu erkunden, dass man an einem einzigen Nachmittag schwerlich alles schafft. Wenn man dann zwischendurch eine Nascherei braucht, geht man am besten zum Kiosk „Gute Dinge“, der seinen Weg aus Wermelskirchen nach Lindlar gefunden hat. Hier kann man sich noch Süßigkeiten ins Tütchen füllen lassen, wie es Anno Dazumal gewesen ist, und entzückt entdeckt man all die kleinen Leckereien, die es in längst vergangenen Kindertagen am Büdchen gab.

Und wenn der Hunger nach mehr verlangt, dann geht man weiter ins Dörflein Oberlingenbach. Hier gibt es eine Feilenhauerei und ein Bandweberhaus, eine alte Trafostation und einen Kinderspielplatz, ein Hammerwerk und vor allem ein Gasthaus. Der „Römer“ stand früher in Wuppertal-Sandfeld und zeigt uns noch heute, was man vor rund hundert Jahren unter kultivierter Gastlichkeit verstand. Im Anbau der Gaststätte kann man hingegen erfahren, was man heutzutage in der bergischen Küche so alles draufhat. Hier kochen Gitta Quercia-Naumann und ihr Team mit Produkten aus dem Bergischen Land und erwecken alte Rezepte mit frischen Ideen zu neuem Leben.

Heute besuche ich Gitta zusammen mit meiner Freundin Kerstin, die sich in Oberberg für die Bildung von

Kindern im Vorschulalter engagiert. Sie betreut beispielsweise ein Projekt für Nachwuchs-Entdecker, die spielerisch ihre Fähigkeiten im Umgang mit Naturwissenschaften, Mathematik und Technik entwickeln sollen. Das Ganze findet im „Haus der kleinen Forscher“ statt, Teil der „:metabolon“-Einrichtung am Entsorgungszentrum Leppe, von der ich im nächsten Kapitel erzählen werde.

Gegen Abend betreten wir also das Gasthaus von Gitta, das „Naumanns im Lingenbacher Hof“. Gitta Quercia-Naumann ist eine resolute Frau mit leuchtend orangefarbenen Haaren. Eine interessante Farbe, die Fröhlichkeit und Jugendlichkeit symbolisiert, aber auch für Reife und Optimismus steht. Gute Voraussetzungen also für ihre Arbeit als Köchin.

Gitta erzählt zunächst von ihrem Lebensweg, und der ist so unkonventionell wie ihre Haarfarbe. Als junge Frau hat sie zehn Jahre lang in Düsseldorf als „Fräulein vom Amt“ gearbeitet. Das war in einer Zeit, als telefonische Fernverbindungen noch manuell hergestellt werden mussten, man vermag es sich heute kaum noch vorzustellen. Doch passt das Bild von der Amtsstube, in der etliche fleißige Frauen eifrig telefonieren und wie wild Kabel in verschiedene Buchsen stecken, recht gut in das Gesamtambiente des Museums von Lindlar.

Später hat Gitta umgesattelt und ihren Meister als Floristin gemacht. In einer Zeit, als Bonn noch Bundeshauptstadt war, dekorierte sie Schloss Augustusburg in

Brühl für Staatsempfänge, gestaltete Gartenschauen mit und verkaufte Blumengebinde auf dem Markt. Doch auch davon hatte sie nach zehn Jahren genug.

Als Mutter wollte sie allerdings die Selbständigkeit wegen der damit verbundenen Flexibilität nicht aufgeben. Auf Anregung ihres spanischstämmigen Mannes begann sie nun mit der Herstellung von Tapas. Das Kochen war nämlich seit jeher ihre Leidenschaft. Schon als Achtjährige hat sie mit ihrer Freundin am Herd herumexperimentiert, und die Küche ihrer Großmutter hat sie als ihre ganz persönliche „Schmeckschule" erfahren. Oma hielt Hühner und baute im eigenen Garten allerhand Obst und Gemüse an. Aus diesen frischen Produkten stellte sie köstliche Gerichte und Naschwerk mit selbstgemachtem Himbeersirup her, und an die einzelnen Geschmackserlebnisse erinnert sich Gitta noch heute sehr intensiv. So hat sie in ihrer persönlichen Bibliothek der Geschmäcker ganz genau abgespeichert, wann sie ein bestimmtes Aroma zum ersten Mal wahrgenommen hat. Zum Beispiel die Honigmelone, die sie 1962 auf dem Weg nach Rimini gekostet hat, den Speck bei den ungarischen Wirtsleuten oder den kleinen Schluck Moscato-Sekt, den sie im Alter von acht Jahren probierte.

Kerstin wirft die Frage auf, ob die Fähigkeit zum intensiven Schmecken genetisch bedingt ist. Ihre eigene Oma nannte dieses Talent „fing Stell op dr Zong" – „feine Stelle auf der Zunge". Tatsache ist ja, dass der Geschmackssinn mancher Menschen präziser arbeitet und dafür sorgt, dass sie mehr Interesse am Essen und Kochen haben als andere. Eine Oma wie die von Gitta hat aber sicherlich auch ihren Anteil an der Herausbildung des guten Geschmacks.

Gitta erzählt, dass sie ihre Rezepte im Kopf zusammensetzt und sich das geschmackliche Resultat ganz genau vorstellen kann. Dabei inspirieren sie noch heute die Gaumenerfahrungen, die sie in ihrer Kindheit gemacht hat. Das geht so weit, dass sie genau weiß, was sie für jemanden kochen muss, der in einer bestimmten Stimmung ist. Das individuelle Gericht wird ihm dann guttun und ihn aufmuntern.

Deshalb ist das Motto ihrer Küche im Lingenbacher Hof auch „Meine Küche – mein Stolz“. Im Jahr 2008 wurde sie von der Leitung des Freilichtmuseums gefragt, ob sie nicht das dortige Restaurant übernehmen wolle. Ihr kleines Tapas-Restaurant in Engelskirchen hat sie dann aufgegeben, um sich ganz der neuen Herausforderung widmen zu können. Gitta hat sich den traditionellen bergischen Speisen verschrieben, unter Verwendung bester regionaler Zutaten hergestellt und mit pfiffigen Ideen sowie zeitgemäßen Rezepturen aufgefrischt, serviert im klassisch bergischen Stil auf Geschirr mit dem Dekor Indisch Blau.

Mittlerweile arbeiten dreißig Angestellte für sie, wobei sie Wert auf gut ausgebildetes Fachpersonal legt. Denn im Lingenbacher Hof ist ganz schön was los. Zwar sind die Öffnungszeiten an die des Freilichtmuseums gebunden, doch an manchen Wochenenden kommen bis zu 12.000 Besucher, von denen ein Gutteil in ihrem Restaurant einkehrt oder sich an einem der Imbissstände beköstigen lässt, die Gitta an solchen Tagen zusätzlich betreibt. Trotzdem kommt es natürlich zu Engpässen, wenn zum Beispiel fünfzig Leute von einer Reisebusgesellschaft unangemeldet erscheinen und gleichzeitig bedient werden wollen.

Gitta ist eine politisch aktive Frau, sie ist EU-Botschafterin für weibliches Unternehmertum, als Vorbildunternehmerin vom Bundeswirtschaftsministerium ausgezeichnet und engagiert sich in der IHK. Letztens hat sie die Expo in Mailand auf Einladung eines italienischen Unternehmerinnenverbandes hin besucht. Im italienischsprachigen Katalog des nordrhein-westfälischen Standes freute sie sich über „La Bergische Kaffeetafel".

Die Kaffeetafel kann man natürlich auch bei Gitta genießen. Außerdem gibt es bergisches Sauerkraut und Dicke Bohnen, eine speziell für ihr Restaurant hergestellte Bratwurst oder bergische Forellen. Zu besonderen Anlässen wie dem Märchenfest gibt es „Gold und Silber" aus Kartoffeln und Möhren und „Taler" aus gebratenen Serviettenknödeln. Doch ihre ganz besondere Spezialität ist die hausgemachte Potthucke. Die lässt sich gut vorbereiten, ist recht lange haltbar und kann sowohl in einer vegetarischen Variante als auch mit Speck oder Wurst hergestellt werden. Zum Schluss hat Gitta uns noch ihr Rezept verraten.

Zufrieden haben Kerstin und ich uns anschließend auf den Rückweg gemacht. Der führte uns durch die Anlagen des Museums, das inzwischen geschlossen hatte und deshalb menschenleer war. Wir sind noch ein bisschen herumgeschlendert und haben die Bauerngärten bewundert, in denen das Gemüse satt und kräftig gedieh. Und haben uns dabei fast so gefühlt, als seien wir „nachts im Museum“.

Potthucke Lingenbacher Art – ein Rezept von Gitta Quercia-Naumann

Zutaten für 4 Personen: *800 g rohe Kartoffeln, 400 g kalte Pellkartoffeln, 2 kleine Zwiebeln, 1 saurer Apfel, 4 Eier, 2 Tl Bohnenkraut, Salz, Pfeffer, 80 g gewürfelter Speck oder gewürfelte Mettwurst, für die vegetarische Variante stattdessen 80 g Kokosfett (in kleine Stücke geschnitten), Fett für die Kastenform*

Zubereitung: *Die rohen Kartoffeln reiben, die Pellkartoffeln in kleine Stücke schneiden, Zwiebeln schälen und würfeln, den Apfel schälen, entkernen und in kleine Stücke schneiden. Dann alles in eine Schüssel geben, Speck, Mettwurst bzw. Kokosfett, Eier und Bohnenkraut hinzugeben, gut miteinander vermengen und mit Salz und Pfeffer würzen. Eine Kastenform an der Innenseite gut einfetten und die Masse hineingeben. Im auf 200°C vorgeheizten Backofen 60 Minuten lang backen, dann kurz die Grillfunktion mit Oberhitze hinzuschalten, bis die Oberseite schön braun ist.*

Reste können am nächsten Tag in Scheiben geschnitten und in der Pfanne gebraten werden.

Zur Potthucke passt frischer Salat in allen Variationen. Gitta serviert dazu auch noch ein Spiegelei.

Maler, Müll und Macher – Kreativität im Bergischen Land

„Da habt ihr ja eine reiche Vergangenheit im Bergischen Land“, kommentierte meine Freundin Gunhild die bergischen Geschichten, die ich ihr zum Lesen gegeben hatte. „Das hätte ich nicht gedacht. Aber“, so fuhr sie fort und setzte eine kritische Miene auf, „was ist denn mit der Jetztzeit? Gibt es denn bei euch nichts Neues, was junge Menschen interessiert?“

Tatsächlich könnte man denken, dass unser schönes Bergisches Land ein wenig im Ewiggestrigen verhaftet geblieben ist. Wir lieben unsere Geschichte, unsere Landschaft, die Küche und die üppige Natur, aber passiert bei uns sonst heutzutage denn gar nichts mehr?

Wer die schrille, lautstarke und aufdringliche Hypermoderne sucht, ist tatsächlich in anderen Regionen besser bedient. Die Kreativität der Menschen im Bergischen ist weniger marktschreierisch, aber sie ist allgegenwärtig. Kaum ein Ort, der sich nicht mit Skulpturen schmückt, überall Museen, die die Vergangenheit lebendig halten, aber auch für Gegenwart und Zukunft richtungsweisend sind. Wir Berger legen Wert auf den Erhalt unserer liebenswerten alten Strukturen, der Dörfer und der bezaubernden Fachwerk- und Schieferhäuser. Aber natürlich sind wir nicht so verschnarcht, wie sich das zunächst anhören mag. Im Gegenteil, wir sind sogar ausgesprochen einfallsreich. In engagierten Restaurants lebt die traditionelle Küche fort, inspiriert und bereichert durch neue Ideen, und lokale Produzenten vermarkten hochwertige Lebensmittel aus unserer heimischen Landwirtschaft.

So ist zum Beispiel im Süden unseres Landes bei Schladern im Windecker Ländchen an einem Wasserfall der Sieg aus einer früheren Metallwarenfabrik eine ungewöhnliche Biergarten-Lounge entstanden. In der offenen historischen Lagerhalle treffen im „Elmores“ Menschen jeglicher Couleur zwischen bizarren Kunstobjekten und Installationen in einer außergewöhnlichen Atmosphäre zusammen.

Eine faszinierende Mischung von Alt und Neu gibt es auch im privaten Bauerngarten unseres Freundes Volker. Abseits der Öffentlichkeit hat er hier in jahrzehntelanger Arbeit ein atemberaubendes Gesamtkonstrukt aus malerischem alten Fachwerkhof, prächtig wucherndem Staudengarten, seerosengeschmückter Teichanlage und unzähligen Plastiken und Skulpturen erschaffen. Kein Wunder, denn Volker ist ein Künstler. Er hat die einzigartige Gabe, sich beim Anblick scheinbar völlig unbrauchbarer oder achtlos fortgeworfener Gegenstände sogleich die Entstehung von etwas völlig Neuem vorzustellen. Er ist ein Visionär, der einen Phoenix aus der Asche steigen lässt, indem er aus Müll beseelte Kunst erschafft, und außerdem ist er ein großartiger Maler. Sein verwunschener Blumengarten erinnert mich an den impressionistischen Garten von Claude Monet, und wer weiß, vielleicht werden eines Tages die

Kulturbegeisterten zu Volkers Landhaus im Bergischen pilgern. Doch noch liegt dieses Kleinod verborgen und unentdeckt abseits der Wege.

Kunst aus Unrat hat man auch auf unserer großen Müllkippe gemacht, der Leppe. Wer hier stinkende und qualmende Abfallberge erwartet, der wird enttäuscht. Alles ist fein säuberlich verpackt, wird recycelt oder umweltgerecht entsorgt. Aber die Leppe ist nicht nur eine Vorzeigedeponie. Parallel zum Betrieb gibt es mit dem Projekt „:metabolon“ eine Freizeiteinrichtung. Das klingt ein bisschen nach einem Ort aus „Herr der Ringe“, und tatsächlich scheint es fast dem schöpferischen Reichtum einer Fantasy-Welt entsprungen zu sein. Denn hier wird nicht nur im Informationszentrum über modernes Recycling informiert. Es gibt auch Skulpturen aus Müll, vor allem aber jede Menge kostenlose Vergnügungsmöglichkeiten.

Da ist zunächst der von einer schwarzen Haut überzogene gigantische Müllberg, ein bizarrer Kegel inmitten der grünen Landschaft. Erklimmt man ihn über den vierhundert Meter langen, von teilweise interaktiven Mülltonnen gesäumten Stufenweg, so genießt man hundert Meter weiter oben einen fantastischen Rundumblick über die bergischen Hügel. Hier kann man ausruhen und das Panorama genießen, und wer nach dem Aufstieg noch Kräfte übrig haben sollte, der kann auf kleinen Trampolinen herumhüpfen. Dann geht es rasant wieder abwärts auf einer 110 Meter langen Doppelrutsche, der längsten von

Deutschland, oder, falls man sich traut, per Flug mit dem Gleitschirm. Und unten toben sich Mountainbiker und BMXler auf dem ersten asphaltierten Pumptrack der Republik aus. Es gibt Crossgolf, einen Longboard Freeride und die Möglichkeit zur Probefahrt mit einem solarbetriebenen Segway-Roller. Auch an einer Führung kann man teilnehmen und sich davon überzeugen, dass unsere Leppe inzwischen zu den modernsten Entsorgungseinrichtungen Europas gehört.

So bereichern Einfallsreichtum und schöpferische Kraft unsere schöne Region auch da, wo man es gar nicht erwartet. Da ist zum Beispiel Frank, der eine innovationsfreudige und erfolgreiche Werbeagentur und IT-Firma in Gummersbach gegründet hat. Er ist ein geradliniger und engagierter Firmenchef. Darüber hinaus ist er aber auch der Maler Francis Tucker. Durch seine farbenfrohen Popart-Bilder ziehen sich stilisierte Männchen wie ein roter Faden, die „Tucker“. Sie sind aufs Wesentliche reduziert, haben keine Arme und stehen damit ihrer Umgebung gleichermaßen starr gegenüber. Andererseits wirken sie mit ihren breiten Schultern auch wieder mächtig, fast bedrohlich. Deshalb sind viele Bilder auch nur auf den ersten Blick fröhlich, dahinter verbirgt sich oft eine nachdenkliche Aussage.

Ein Ausnahmetalent ist David aus Gummersbach. Er malt fotorealistisch, und zwar so täuschend echt, dass er mit seinen surrealistischen Verfremdungen irritierende

Effekte erzielt. Als ich David kennenlernte, arbeitete er gerade an einem Projekt, in dessen Rahmen er Freunde in Acryl porträtierte, die Gemälde abfotografierte und sodann die Dargestellten mit den Fotos zum Meldeamt schickte, um einen neuen Ausweis zu beantragen. Niemandem dort kamen Zweifel an der Echtheit der Passbilder. Ich bin gespannt, welche ungewöhnlichen Ideen ihm sein ingeniöser Geist noch eingeben wird.

Meine Freundin Moeby gestaltet einfallsreiche Collagen aus hunderten von kleinen Milchkarton-Kühen oder verfremdete lebensgroße Schweine aus Pappmaché. Und im Wiehler Schau-Spiel-Studio Oberberg zeigen engagierte Laien, dass man auch als Amateur Darbietungen der Spitzenklasse auf die Bühne bringen kann. Die Schauspieler aller Altersklassen werden hier regelmäßig professionell geschult und trainiert. Und von den vielen bergischen Unternehmen, die wegweisende Technologien und innovative Produkte entwickeln, will ich hier gar nicht sprechen.

So gibt es im Bergischen Land allerorts ideenreiche Projekte und schöpferische Eigeninitiative. Man braucht nur einmal offenen Auges durch unsere Dörfer und Städtchen zu wandern, liebe Gunhild.

Bullebäuskes – bergische Mutzen

Zutaten: *250 g Mehl, 250 g Quark (10 % Fettgehalt), 4 Eier, 100 g Zucker, 1 unbehandelte Zitrone, 80 g Rosinen, 1 Pck. Vanillezucker, 1 Pck. Backpulver, Puderzucker, reichlich neutrales Fett zum Frittieren*

Zubereitung: *Die Rosinen grob hacken. Die Zitrone waschen und den äußersten gelben Anteil der Schale abraspeln, dann die Zitrone auspressen. Die geraspelte Schale und den Saft mit Eiern, Rosinen, Zucker, Quark, Vanillezucker, Mehl und Backpulver in eine Schüssel geben und gut vermischen. 30 Minuten lang abgedeckt quellen lassen, dann noch einmal gut vermischen.*

Das Fett in der Fritteuse oder in einem geeigneten Topf erhitzen. Dann vom Teig mit einem Teelöffel kleine Bällchen abstechen und im Fett schwimmend frittieren, bis sie goldgelb sind. Mit dem Sieblöffel herausnehmen und auf Küchenkrepp entfetten. Dann sofort in Puderzucker wälzen.

Gerd holt den Trecker raus – eine Fahrt entlang der Grenzen von Nümbrecht

Endlich ist es wieder so weit! Heute ist ein strahlender Sommertag mitten im Juli. Voller Vorfreude eilen wir hinüber zu unseren Nachbarn, einen Korb mit Getränken und die schussbereite Kamera haben wir dabei. Gerd, unser Nachbar, hat bereits den alten roten McCormick-Trecker vorgefahren, den er heiß und innig liebt. Dieser Trecker tat schon seinem Schwiegervater treue Dienste, und wer weiß, wie lange das her sein mag.

Hinten am Trecker hat er eine Kutsche angehängt, auf der wir nun Platz nehmen: Gerds Frau Gerda, mein Mann, die Kinder und ich. Wie lange haben wir dieser Fahrt entgegengefiebert! Die Ausfahrten mit dem Trecker sind ein einmaliges Erlebnis. Man ist langsam genug, um die Umgebung in Ruhe betrachten zu können, und dennoch auch so schnell, dass man unterwegs allerhand sieht und erlebt. Der Fahrtwind bläst uns um die Nase, und gleichzeitig genießen wir einen Rundumblick von 360 Grad. Was kann es Besseres geben?

„Das Thema unserer heutigen Tour sind die Gemeindegrenzen von Nümbrecht", verkündet Gerd, als es losgeht. „Da werdet ihr ordentlich was zu sehen bekommen!" Daran besteht kein Zweifel. Gerd kommt aus dem Dorf Malzhagen und hat fast sein ganzes Leben im Oberbergischen verbracht. Er war während seiner aktiven

Berufszeit Erster Polizeihauptkommissar, er hat sich in Vereinen und im Gemeinderat von Nümbrecht engagiert. Wenn sich einer auskennt, dann Gerd.

Wir starten in Göpringhausen und fahren zunächst noch über gut bekannte Wege in Richtung Wolfscharre. Schließlich drehen wir hier seit zwanzig Jahren stets die üblichen Runden mit unserem Hund.

Die Landschaft erstrahlt in den satten Farben des Sommers. Üppig grün wiegen sich die Blätter der Bäume in einer sanften Brise, die Gräser haben bereits einen goldenen Ton angenommen. Eine Kuh schaut vom Grasen auf und blickt uns gelangweilt hinterher, als wir an ihr vorbeigetuckert sind.

Wir fahren eine Zeit lang durch dunklen Wald und freuen uns über den Schatten der Bäume. Heute ist es ganz schön warm! Doch schon haben wir den Waldrand erreicht, und mit engen Windungen geht es jetzt hügelabwärts. Da ist er, der alte Fachwerkhof mit der prächtigen Linde, in dem einst Engelbert Humperdinck seinen Urlaub verbrachte. Wir rollen unaufhaltsam vorbei, ich schaue kurz zurück. Gerne hätte ich noch ein wenig verweilt, doch die Fahrt geht munter weiter. Die Grenzen der Gemeinde Nümbrecht sind weit, wir haben noch ein beachtliches Stück Wegs vor uns. Mein Mann reicht Gerda und mir ein Glas Sekt. Auf geht es in weniger bekannte Gefilde!

Normalerweise bewegt man sich im Alltag ja stets auf den gleichen Wegen. Weicht man nur einmal davon ab, so staunt man über die neuen Welten, die sich direkt vor der eigenen Haustür auftun. Wir überqueren die Hauptstraße und fahren auf einem schmalen Weg durch Kleinhöhe, ein Dorf, das nur einen Kilometer Luftlinie von unserem eigenen entfernt ist. Und doch bin ich dort noch nie zuvor gewesen!

Vorbei an hübsch gepflegten Dorfhäusern geht es nun wieder hangaufwärts durch Wiesen und Felder. Direkt über uns kreist ein Rotmilan, ich versuche, mit dem Zoom ein Foto zu schießen, doch der Trecker rattert und wackelt zu sehr. „Schau dich lieber mal um“, meint Gerda und prostet mir zu. Unten im Tal ragt der Schornstein der alten Papiermühle aus den dichten Baumkronen empor, und während der Trecker uns kraftvoll immer höher hinaufzieht, blitzen die gelben Türme von Schloss Homburg am Horizont auf einer Bergkuppe zwischen den Bäumen hervor. Unsere Heimat ist wirklich das reinste Postkartenidyll!

Nun geht es wieder abwärts, wir erreichen das Märchental. Abseits des Wegs liegt ein altes Auto im Gebüsch, von Grün überwuchert. Vielleicht ist es das Gefährt eines Waldgeistes, der es unbemerkt im Schutz der Nacht durch das Dickicht lenkt? Unermüdlich zieht der Trecker uns weiter durch den verwunschenen Wald, und wieder denke ich an Humperdinck, der diesen Weg einst zu Fuß zurückgelegt hat, während die Natur ihm nie zuvor gehörte Melodien eingab.

Durch ein paar Dörfer geht es hinauf auf eine langgezogene Anhöhe, und während wir auf deren Kamm entlangtuckern, genießen wir die herrliche Aussicht über Hügel und Täler, die sich auf beiden Seiten des Weges eröffnet. Gerd erzählt derweil von streitenden Nachbarn und wütenden Stieren, wie sinnlos erscheinen doch all diese Kalamitäten angesichts der Pracht unserer Landschaft!

Hinter Elsenroth biegen wir in einen Waldweg ein, der exakt entlang der Gemeindegrenze verläuft. Irgendwo westlich von Abbenroth kommen wir mitten im Wald am Galgenhügel vorbei, ein Schild erinnert an die grausige Vergangenheit. Es weist uns außerdem darauf hin, dass wir uns hier auf einer uralten Handelsstraße befinden.

Über Hübender und Rommelsdorf geht es weiter entlang der Gemeindegrenze, und auf der „Kahlen Anhöhe" erreichen wir nicht nur einen Platz mit fantastischem Rundumblick, sondern auch eine weitere Richtstätte. Sie ist der Vorgänger der anderen und war im sechzehnten Jahrhundert zwölfmal Schauplatz schauerlicher Vollstreckungen gemäß der „peinlichen Halsgerichtsordnung". Vom Erhängen bis zum Vierteilen reichten die Hinrichtungsarten, und die armen Angehörigen der Delinquenten mussten dafür auch noch bezahlen.

All das erklärt uns eine Hinweistafel, und Gerd weiß außerdem, dass die letzte arme Seele, die hier vor Zeiten ins Jenseits befördert wurde, aus unserem Heimatdorf Göpringhausen kam.

Vom „Schlossblick“ in Prombach kann man wieder einen Blick auf Schloss Homburg in der Ferne erhaschen. Die Panoramen über die Landschaft scheinen nun immer grandioser zu werden, doch schließlich geht es wieder hinab ins Tal, wo wir die nach Waldbröl führende Hauptstraße überqueren. Und schon tuckern wir wieder bergauf, die Augen meiner Tochter beginnen zu leuchten, denn nun kommen wir an den Weiden vorbei, wo sie gelegentlich reiten geht. Wir schauen kurz zurück, die Pferde sind vor der Sommerhitze in ihren Offenstall geflüchtet.

In Büschhof, einem malerischen Dorf mit aktiver Gemeinschaft, steht ein liebevoll restaurierter VW-Bus aus den Siebzigerjahren vor einem schmucken alten Fachwerkhaus. Wieder denke ich, dass wir in ein Märchenland geraten sein müssen, das zu schön ist, um Wirklichkeit zu sein, und während mein Mann unsere Sektgläser noch einmal füllt, kreist ein weiterer Rotmilan direkt über unseren Köpfen. Dieses Mal gelingt sogar mein Foto.

Nun kommen wir am Steinbruch bei Wirtenbach vorbei, ein tiefes Loch klafft hier in der Erde, aus dem Grauwacke herausgeholt wird. Von oben betrachtet wirken die schweren Lastkraftwagen am Grund des Steinbruchs wie winzige Spielzeuglaster. Durch Wirtenbach und Haan geht es weiter in Richtung Berkenroth, und plötzlich befinden wir uns mitten auf den Ländereien von Gut Rottland, das einst dem Nationalsozialisten Ley gehörte. Der Blick reicht weit bis hinüber zum Höhenzug der Nutscheid, wo der Beobachtungsturm der früheren US-Militärbasis nicht zu übersehen ist. Und östlich davon erhebt sich ein anderer mächtiger Turm vom Kamm des Höhenrückens, es ist der vierzig Meter hohe hölzerne Aussichtsturm des neuen Naturerlebnisparks Panarbora. An ihn schließt sich ein 1.635 Meter langer Baumwipfelpfad an, außerdem gibt es einen Sinnesparcours, ein Höhlenlabyrinth, einen Heckenirrgarten, einen Abenteuerspielplatz und Übernachtungsmöglichkeiten in Baumhäusern und „globalen Dörfern". Eine interessante Bereicherung für unser kleines oberbergisches Paradies.

Wir durchfahren die alte Toreinfahrt vom Anwesen des größenwahnsinnigen Nazis, der steinerne Sämann steht dort mit eiserner Miene, er wirkt, als habe er vom Wandel der Zeiten nichts mitbekommen. An den SA-Mann erinnert hingegen nur noch eine Gedenktafel.

Während wir in Richtung Harscheid weiterrollen, werden wir langsam müde. Kann es sein, dass unsere Gemeinde wirklich so groß ist? Immerhin besteht sie aus über neunzig Dörfern, hier leben mehr als 16.000 Menschen. Über Oberelben und Heddinghausen geht es schließlich zurück in unser eigenes Dorf. Vier Stunden hat die Fahrt gedauert, wir sind ganz berauscht von der grandiosen Schönheit der Landschaft, die wir durchfahren haben.

„Tja", meint Gerda, grinst und prostet mir noch einmal zu. „Warum wollt ihr denn überhaupt noch in Urlaub fahren?"

Festtagssuppe mit Markklösschen und Eierstich

Zutaten für 4 Personen: *1 kg Suppenfleisch, 2 Markknochen, 4 Möhren, 1 Kohlrabi, 1 Stange Porree, 1 altbackenes Brötchen, 3 mittelgroße Kartoffeln, 200 ml Milch, 1 Zwiebel, ½ Blumenkohl, ¼ Sellerie, 3 Eier, ½ Tl Backpulver, 1 kl. Bund Blattpetersilie, etwas Butter, Muskatnuss, 2 Lorbeerblätter, Salz, Pfeffer*

Zubereitung: *Das Suppenfleisch in einem Topf mit 1 ½ l Wasser zum Kochen bringen, dann die Hitze reduzieren, sodass es nur noch leise köchelt. Die Lorbeerblätter hinzugeben, salzen und pfeffern. 2 Stunden lang köcheln lassen, dabei immer wieder mal den Schaum abschöpfen.*

2 Eier mit der Milch verquirlen, mit Salz, Muskatnuss und Pfeffer würzen. Eine feuerfeste Form mit Butter einfetten, die Masse hineingeben und mit Alufolie abdecken. Im Wasserbad bei milder Hitze stocken lassen, stürzen, erkalten lassen und in Würfel schneiden.

Die Petersilienblättchen abzupfen und fein hacken. Das Brötchen 10 Minuten lang in Wasser einweichen, anschließend sehr gut ausdrücken. Das Mark der Markknochen bei schwacher Hitze flüssig werden lassen und dann mit dem Brötchen, 1 Ei, dem Backpulver und der Hälfte der Petersilie gut vermischen. Salzen, pfeffern und 30 Minuten lang quellen lassen.

Das gesamte Gemüse schälen bzw. putzen und klein schneiden. Das Suppenfleisch und die Lorbeerblätter aus dem Topf nehmen, das Gemüse hineingeben, aufkochen und dann 20 Minuten lang garen. Das Fett vom Fleisch schneiden, die mageren Teile in kleine Würfel schneiden und wieder zur Suppe geben.

Aus der Markmasse kleine Klößchen formen und 5 Minuten vor Ende der Garzeit zur Suppe geben. Den Eierstich auf vier Tellern verteilen und diese mit Suppe auffüllen. Zum Schluss die restliche Petersilie darüberstreuen. Mit Roggenbrot servieren.

Liebe Leser,

ich hoffe, Ihnen hat unser Ausflug ins Bergische Land gefallen, obwohl manches unerwähnt bleiben musste. Für die Hobbygeologen wären da zum Beispiel noch der Mineralienpfad Gruiten in Haan-Gruiten, die Tillmannsdorfer Falte oder der Zeittunnel des Bochumer Bruchs, beides bei Wülfrath. Im Bochumer Bruch brütet sogar ein Uhu-Pärchen, das hätte Tierfreunde genauso interessiert wie der Affen- und Vogelpark in Eckenhagen. Es gibt viele sehenswerte Altstädte, zahlreiche Museen und wunderbare Wanderwege. Im Bergischen Land ist also noch viel zu entdecken!

Natürlich freue ich mich über Ihre Tipps, Hinweise oder Anregungen und beantworte auch gerne Ihre Fragen. Schreiben Sie mir einfach an

kontakt@almutirmscher.de

Zum Schluss habe ich noch eine kleine Bitte: Teilen Sie Ihre Eindrücke mit anderen Lesern und schreiben Sie eine kurze Rezension auf amazon.de. Ich freue mich darauf, Ihre Meinung zu erfahren. Vielen Dank und…

…Tschüss. Bis bald in den Hügeln unserer buckligen Welt!

Ihre
Almut Irmscher

Ich danke allen, die mich mit Tipps und Anregungen unterstützt haben.
Mein ganz besonders herzlicher Dank gebührt meinen Nachbarn Gerd und Gerda Grümer, die mich mit Informationen, Geschichten, Hintergründen und einem dicken Stapel der Jahreshefte des Nümbrechter Heimatvereins aus den letzten Jahrzehnten versorgt haben. Und außerdem meine Familie und mich mit herrlichen Traktor-Ausfahrten beschenken. Bessere Nachbarn kann man sich nicht vorstellen!
Ich danke außerdem Kerstin Pack, die mich überhaupt erst auf die Idee gebracht hat, über unsere Heimat zu schreiben. Auch Kerstin hat mich tatkräftig unterstützt.
Und natürlich danke ich meinem Mann Ulrich Otto, ohne seinen Rat, seine Korrekturen, seine Aufmunterungen und seine ständige Bereitschaft, mir alle Hindernisse aus dem Weg zu räumen, wäre meine Arbeit nicht möglich.
Last but most certainly not least danke ich meiner Freundin Gunhild Hexamer, die die Entstehung meiner Bücher stets engagiert mit ihren Hinweisen, Korrekturen und Anregungen begleitet. Gunhild ist selbst Autorin, wenn Sie sich für Nordamerika interessieren, dann empfehle ich Ihnen ihr Buch

Gunhild Hexamer - Arizona erleben:
33 Geschichten aus dem Land des Grand Canyon
ISBN-10: 1508805911 ISBN-13: 978-1508805915

Gunhild Hexamer - Kalifornien erleben:
33 Geschichten aus dem Land der Superlative
ISBN-10: 1530104297 ISBN-13: 978-1530104291

Die Reihe der Lesebücher von Almut Irmscher wird fortgesetzt. Bisher sind erschienen:

Das Italien-Lesebuch:
Impressionen aus dem Land der Sehnsucht
ISBN-10: 1492770221 ISBN-13: 978-1492770220

und der zweite Band:

Das Italien-Lesebuch:
Neue Impressionen aus dem Land der Sehnsucht
ISBN-10: 1495928187 ISBN-13: 978-1495928185

Das Toskana-Lesebuch
Impressionen und Rezepte aus dem Land von Kunst und Genuss
ISBN-10: 1500960519 ISBN-13: 978-1500960513

Das Sizilien-Lesebuch
Impressionen und Rezepte von der Insel der Götter
ISBN-10: 1534689974 ISBN-13: 978- 1534689978

Das Hamburg-Lesebuch
Impressionen und Rezepte aus der Hafenmetropole
ISBN-10: 1514288001 ISBN-13: 978- 1514288009

Das Nordsee-Lesebuch
Impressionen und Rezepte von der deutschen Nordseeküste
ISBN-10: 150880110X ISBN-13: 978-1508801108

Das Ostsee-Lesebuch
Impressionen und Rezepte von der deutschen Ostseeküste
ISBN-10: 1511859997 ISBN-13: 978-1511859998

Das Bayern-Lesebuch
Impressionen und Rezepte aus dem Land südlich des Weißwurst-Äquators
ISBN-10: 1503264750 ISBN-13: 978-1503264755

Das bergische Lesebuch:
Impressionen und Rezepte aus dem Bergischen Land
ISBN-10: 1516835581 ISBN-13: 978- 1516835584

Das Österreich-Lesebuch
Impressionen und Rezepte aus dem Land von Walzertakt und Mozartkugeln ISBN-10: 151888914X ISBN-13: 978-1518889141

Das Schottland-Lesebuch
Impressionen und Rezepte aus Highlands und Lowlands
ISBN-10: 1499608969 ISBN-13: 978-1499608960

und der zweite Band:

Das Schottland-Lesebuch
Impressionen und Rezepte von einer Reise durch das Land der Moore und Mysterien
ISBN-10: 1530766478 ISBN-13: 978-1530766475

Das England-Lesebuch
Impressionen und Rezepte aus dem Land der Traditionen
ISBN-10: 1502714612 ISBN-13: 978-1502714619

Das Cornwall-Lesebuch
Impressionen und Rezepte aus dem Pilcher-Land
ISBN-13: 978-1499155228 ISBN-10: 1499155220

Das Dänemark-Lesebuch:
Impressionen und Rezepte aus dem Land des Glücks
ISBN-10: 1507647336 ISBN-13: 978-1507647332

Das Provence-Lesebuch
Impressionen und Rezepte aus dem Land des Lichts
ISBN-10: 1500305596 ISBN-13: 978-1500305598

Das Rhein-Lesebuch
Impressionen und Rezepte aus Stadt und Land am großen Fluss
ISBN-10: 1523690275 ISBN-13: 978- 1523690275

Romane von Almut Irmscher:

Aus Lippstadt – eine Reise ohne Ziel
ISBN-13: 978-1507786574 ISBN-10: 1507786573

Bunga Bunga - ein wirklich böser Mafia-Roman
ISBN-10: 1496097041 ISBN-13: 978-1496097040

Wie die Libelle in der Wasserwaage - Roman
ISBN-10: 1495437396 ISBN-13: 978-1495437397

Es wird gegessen, was auf den Tisch kommt!
– ein biografischer Roman aus der Küche.
ISBN-10: 1506175171 ISBN-13: 978-1506175171

Alle Bücher sind als Taschenbuch oder zum Download für den Kindle erhältlich.

Aktuelle Informationen zu Neuerscheinungen auf www.almutirmscher.de

Anhang

21 Talsperren
Aggertalsperre – Bevertalsperre – Biebersteiner Stausee – Beyenburger Stausee – Brucher Talsperre – Diepentaler Talsperre – Große Dhünntalsperre – Ennepetalsperre – Eschbachtalsperre – Genkeltalsperre – Kerspetalsperre – Lingesetalsperre – Neyetalsperre – Herbringhauser Talsperre – Panzertalsperre – Ronsdorfer Talsperre – Schevelinger Talsperre – Sengbachtalsperre – Wahnbachtalsperre – Wiehltalsperre – Wuppertalsperre

5 „Bonte Kerken“
Lieberhausen – Marienberghausen – Marienhagen – Müllenbach – Wiedenest

Viele Höhlen
Aggertalhöhle Ründeroth – Tropfsteinhöhle Wiehl – Zwergenhöhle Herrenstrunden – Zwergenloch Lindlar
Es gibt noch deutlich mehr Höhlen, die sind aber nicht begehbar.

Burgen und Schlösser (eine Auswahl)
Schloss Bensberg (Bergisch Gladbach-Bensberg) – Burg Zweiffel (Bergisch Gladbach-Herrenstrunde) – Schloss Lerbach (Bergisch Gladbach-Heidkamp) – Haus Landscheid (Burscheid) – Schloss Ehreshoven (Engelskrichen) – Haus Alsbach (Engelskirchen) – Schloss Hückeswagen (Hückeswagen) – Schloss Eicherhof (Leichlingen) – Wasserburg Eibach (Lindlar-Frielingsdorf-Scheel) – Schloss Heiligenhoven (Lindlar Heiligenhoven) – Schloss Georghausen (Lindlar-Hommerich) – Schloss Auel (Lohmar) – Burg Honrath (Lohmar-Honrath) – Schloss Gimborn (Marienheide-Gimborn) – Burghaus Volperhausen (Morsbach-Volperhausen) – Schloss Homburg (Nümbrecht) – Schloss Strauweiler (Odenthal) – Burgruine Berge (Odenthal-Altenberg) – Denklinger Burg (Reichshof) – Schloss Eulenbroich (Rösrath) –Burgruine Herrenbröl (Ruppichteroth) – Burg Herrnstein (Ruppichteroth-Winterscheid) – Schloss Burg (Solingen-Burg) – Schloss Hardenberg (Velbert-Neviges) – Burg Windeck (Windeck-Altenwindeck) – Schloss Aprath (Wülfrath-Aprath) – Haus Düssel (Wülfrath-Düssel) – Schloss Lütenbeck (Wuppertal-Sonnborn)

61491404R00142

Made in the USA
Charleston, SC
24 September 2016